KB214819

# 요르단의 성지

# 요르단의 성지

요르단을 알아야 성경이 보인다

Bible Sites of

JORDAN

홍순화 글·사진

한국성서지리연구원 비전북

# "요르단을 알아야 성경이 보인다"

홍 순 화
한국성서지리연구원장

　요르단의 성지라는 책을 출판하게 된 것에 대해 하나님께 영광을 돌립니다. 지금까지 성경을 연구하면서 성경지리에 중요성을 인식하게 되었고 그동안 요르단을 답사하면서 연구한 것을 나누는 마음으로 이 책을 발간하게 되었습니다. 요르단에 대한 자료가 없어 필자 자신부터 어려움을 겪었습니다. 지금은 이스라엘과 요르단 두 나라 사이에 국경선이 있어 자유롭게 왕래할 수가 없지만 성경시대에는 지금 같은 상황이 아니었습니다. 예수님께서 예루살렘으로 올라가실 때 주로 이용하셨던 길이 요단강 동쪽으로 난 길이었기에 이 길을 자주 왕래하면서 새로운 감격을 느끼게 되었습니다. 요르단에는 성경에 나온 수많은 사건들이 일 어난 역사의 현장들이 많이 있는 것을 답사하면서 느껴보았습니다. 이 책의 제목을 정하기 위해 몇 가지를 생각해 보았습니다.

　"요르단에도 그렇게 성지가 많은가?"
　"요르단도 성지인가?"
　"요르단을 알아야 성경이 보인다"
　"성경의 땅 요르단"
　"요단강 동편"

　요르단을 답사하면서 요르단을 연구하였던 믿음의 선배들의 수고와 헌신을 생각하면서 도전도 받았고 감사한 마음도 가졌습니다.
　이 책은 그분들의 피나는 노력을 소개하는 역할에 불과합니다. 이 책을 통하여 요르단을 지나가는 나라로만 알고 있던 사람들에게는 요르단도 성경의 땅이라는 것을 알려드리고 싶을 뿐만 아니라 성경을 사랑하는 분들께는 성경의 역사가 이루어진 역사의 현장을 소개하는 기회가 되어서 하나님의 말씀을 입체화하는데 도움이 되길 바랍니다.

이 책을 쓰면서 큰 도움을 받은 분들께 감사의 마음을 전합니다.

요르단의 성지들을 고고학적으로 정리한 요단의 동쪽(East of Jordan)을 저술한 맥도날드(Burton Macdonald)와 요르단의 지도를 제공해 준 요르단 왕립지리학회(Royal Jordanian Geographic Centre)와 고고학 자료를 도와준 요르단의 동양연구소(The American Center of Oriental Research Amman, Jordan)의 관계자들과 어려운 지역을 답사할 때 도와주었던 요르단 고고학부(Department of Antiquites)의 직원들에게도 감사를 드립니다.

이 책을 발간할 수 있도록 도와주신 한국성서지리연구원의 이사장 이성희 목사님과 뜻을 같이 하는 이사님들에게 감사를 드립니다. 이 책의 출판을 위해 도와주신 여러 교회들에게도 감사를 드립니다. 또한 성지연구원을 설립해 주시고 성지강의를 할 수 있는 기회를 주신 서울장신대학교와 담임 목사의 잦은 성지답사를 이해하고 기도하면서 후원하는 주심교회 교우들에게도 감사를 드립니다.

2006년 5월

홍순화

# 개정판을 내면서

국내에 요르단의 성지를 모두 소개하는 자료가 없어서 답사한 요르단의 성지를 소개하겠다고 요르단의 성지를 출판한지 10년이 지나갔습니다. 요르단의 성지를 발간한 후에 GPS성경지명사전을 출판하여 성지의 지명과 좌표를 소개하고 난 후에 요르단의 성지를 다시 돌아보게 되었습니다.

성경의 장소를 모두 가보고 소개하겠다는 열정을 가지고 시작한 성지 답사가 마무리되면서 성경의 지리와 역사를 연결시켜 성경을 공간개념을 가지고 보게 되었습니다. 그뿐 아니라 2013년부터 라기스의 발굴을 시작하면서 고고학적인 관점으로도 성지를 보게 되었습니다. 요르단의 성지를 출판하고 난 후에도 계속해서 요르단의 성지를 답사했습니다. 그동안 답사했던 곳도 다시 가보았지만 요르단의 성지에 소개하지 못했던 장소들도 계속해서 찾아다녔습니다.

요르단은 성경시대의 모습이 많아 남아있는 나라이면서 이스라엘 민족의 지파들이 살던 이스라엘의 영토였기에 중요한 성지입니다. 요르단의 성지는 한 나라의 모든 성지를 소개하는 책으로는 필자의 첫 작품이기에 개인적으로는 요르단에 대해서는 각별한 애정을 가지고 있습니다. 엘랏과 에시온게벨의 추정지이기에 중요한 유적인 텔 엘 켈레이파는 통제지역에 있어서 당국의 허가를 받지 못해서 멀리서 망원렌즈로 촬영하기만하는 아쉬움이 있었으나 8년 만에 찾아간 장소입니다. 텔 엘 켈레이파처럼 힘들게 찾아간 장소와 10년 만에 다시 찾아가 변화한 성지의 모습을 이 책에서 소개하려고 합니다.

요르단의 성지를 출판할 때에 시간이 부족하여 멀리서 촬영만 했던 장소도 직접 답사한 기록을 이 책에 수록하였습니다. 요르단의 성지를 답사할 때에 처음으로 사용하였던 GPS 기계는 그동안 비약적으로 발전하여 장소를 찾고 기록하는데 큰 도움을 주었습니다. 위성지도의 발달로 스마트 폰으로도 현재의 좌표를 확인할 수 있는 시대가 되었기에 정확한 좌표가 더 필요한 시대가 되었습니다.

요르단의 성지를 출판할 때에 자료가 부족하여 그 지역까지는 찾아 갔으나 정확한 장소를 찾지 못하는 안타까운 일이 있었습니다. 요르단의 고고학 장소를 정리한 JADIS에 잘못된 좌표나 장소와 멀리 떨어진 좌표로 인해 정확한 장소를 찾지 못했던 일도 있었습니다. 최근에 MEGA-Jordan에서 요르단의 모든 고고학 장소를 기록하였기에 요르단의 성지를 다시 답사하여 개정판을 출판하게 되었습니다.

성지에 대한 고고학 연구는 진행되고 있기에 성지의 자료는 진행형일 수밖에 없습니다. 요르단의 모든 고고학 장소를 기록했다는 MEGA-Jordan에도 기록되지 않은 유적도 있으며 현지와 다른 기록을 확인하기도 했습니다. 10년 만에 다시 찾아간 오봇의 추정지에는 최근에 발굴한 흔적이 있었으나 발굴에 대한 보고를 확인하지 못했습니다. 이 책은 이 시대의 요르단의 성지를 기록한다는 마음으로 내어놓습니다. 개정판의 출판 직전에 답사가 더 필요한 지역으로 인해 출판을 늦추면서 또 다시 요르단을 답사하게 되었습니다. 요르단도 메르스 발병국가 중의 하나이지만 다시 답사하였습니다.

요르단의 개정판을 출판하는데 도움을 주신 분들께 감사를 드립니다. 요르단 답사로 장인의 장례에도 참여하지 못하는 아픔이 있었지만 성지답사의 중요성을 이해해주는 가족들에게 감사한 마음을 전합니다. 성지연구원을 설립해주시고 성지를 강의할 수 있는 기회를 주시는 서울 장신대학교와 안주훈 총장님께도 감사를 드리고 필자가 이사로 섬기고 있는 장신대학교와 김명용 총장님과 손대호 이사장님과 이사들께도 감사를 드립니다. 개정판 출판을 위한 요르단 답사에 수고를 해주신 한동회 목사님께 감사를 드립니다. 이 책의 교정을 위해 수고하신 정진영 전도사님에게도 감사를 드립니다. 이 책의 발간을 앞두고 2015년 7월 27일에 텔 라기스에서 르호보암의 성벽을 발견하게 되었습니다. 텔 라기스 발굴을 위해 수고하신 한국성서지리연구원의 기획실장 이태종 목사님, 연구실장 최현준 교수님, 발굴실장 강후구 교수, 발굴행정실장 최광현 박사, 스텝이신 장상엽 집사님께도 감사를 드립니다. 98회기에 이어서 99회기 총회 신학교육부장으로 섬기면서 도와주신 서기 곽충환 목사님, 회계 박덕근 장로님, 실행위원들, 총무 김치성 목사님께도 감사를 드리고 담임 목사의 계속되는 성지답사를 이해하고 기도하는 주심교회 교우들에게도 감사를 드립니다.

2015년 8월

홍순화

## 요르단의 북부

요르단의 중부

## 요르단의 남부

# 일러두기

## 1. 역사 구분

시대구분에서 금석병용기(金石倂用期)를 이 책에서는 석동기(石銅期; Chalcolithic)로 표기하였다.

## 2. 인명

성경에 기록된 인명을 기록하고 일반적인 이름을 병기하였다.

## 3. 용어

고대 거주지로 사용했던 언덕인 텔을 히브리어는 Tel로 아랍어는 Tell로 기록했으며 유적을 나타내는 아랍어 키르벳(Khirbet)은 약자(Kh.)를 사용하기도 했다.

## 4. 동명이지(同名異地)와 이명동지(異名同地)

성경의 지명이 까다로운 이유는 같은 이름을 가진 다른 장소가 있고 한 장소를 여러 이름으로 부르는 경우가 많기 때문이다. 필자는 이러한 지명을 정리하기 위하여 동명이지(同名異地:이름은 같으나 다른 장소), 이명동지(異名同地:장소는 같으나 성경 속에서 다른 이름으로 기록)로 정리하였다. 동명이지인 경우는 필자의 GPS 성경지명사전의 분류를 따랐다. 동명이지인 보스라의 경우에는 보스라1 모압, 보스라2 에돔 으로 표시했다.

## 5. 추정 장소

성경의 장소들은 지금의 장소와 동일시되지 않은 곳이 많아 추정 장소가 여러 곳이 있다. 추정 장소가 여러 곳인 경우는 가능성이 높은 곳부터 우선권을 두고 기록했고 추정장소가 같은 곳을 '( ) 을 보라'로 중복을 피했다. 추정지가 여럿인 야하스는 야하스-1 키르벳 립, 야하스-2 키르벳 이스칸데르, 야하스-3 키르벳 엘 르메일로 기록했다.

## 6. 좌표

이 책에서는 성경의 장소를 찾아보게 하기 위하여 필자가 현지에서 기록한 경위도 좌표를 제공하였다.

1) 경위도 좌표

GPS의 경위도 좌표계의 표시방법은 DD(Decimal Degree)와 DMS(Degree Minutes Seconds) 방식이 있는데 NMEA 방식은 DMS를 사용하고 KML(구글어스)는 DD를 사용한다. 구글 지도에서 WGS 84 도분초(DDS)좌표계를 통해 성경에 지명의 장소를 찾는 방법은 다음과 같다.

"랍바"의 좌표가 31° 57′13.62″N 35°56′05.41″E 이기에, "랍바"를 찾으려면 31 57 13. 62, 35 56 05. 41로 입력하고 검색하면 성경의 장소를 볼 수 있으며 장소를 확대 축소하면서 다른 사람들이 올린 사진을 통해 현지의 모습을 확인할 수 있다.

경위도 좌표의 거리 계산을 알면 성지의 범위와 위치를 파악하는데 큰 도움이 된다.

위도는 1초 차이가 약 30m이고 1분 차이가 약 1,850m이고 1도 차이가 약 110,000m이며 경도는 1초 차이가 약 25m이고 1분 차이가 약 1,500m이고 1도 차이가 약 90,000m이다.

필자의 경우 예전에 GPS를 이용할 때에 주로 UTM 좌표를 사용하였으나 구글 지도가 일상화되면서 경위도 좌표를 주로 사용하고 있다. UTM 좌표와 경위도 좌표는 구글 지도의 프로그램을 이용하면 전환이 된다.

2) M.R. 좌표

M.R.은 Map Refernce의 약자로서 이스라엘과 요르단 지역과 시내 반도에서 쓰는 좌표이다. 이스라엘과 요르단과 이집트의 고고학 장소가 모두 이 좌표로 기록되어 있다. M.R. 좌표는 여섯 단위의 아라비아 숫자(좌표)로 되어 있으며 좌표에서 앞자리의 아라비아 숫자(좌표) 세 자리는 동서쪽을 나타내는 PGE를 뜻하며 뒷자리는 PGN을 뜻한다. 팔레스틴 좌표는 6단계(예:PGE 210,000 PGN 210,000)로 되어 있으나 일반적으로 3단계를 사용한다, 예 M.R.210210).

3) UTM 좌표

예전에 구글 지도를 이용할 때에 UTM 좌표를 사용하였으나 구글 지도가 일상화되면서 경위도 좌표를 주로 사용하고 있다. JADIS의 좌표는 UTM 좌표로 기록되었다. 범 지구 측위 시스템(Global Positioning System)이라고 부르는 GPS는 미국 국방성이 1992년에 완료한 군사 목적의 전파 항법 위성 시스템으로 미국 국방성이 관리하는 24개의 위성 중에서 가장 수신하기 쉬운 3~4개의 위성으로부터 전파를 수신하여 현재의 위치를 파악할 수 있는 시스템이다. 이 정보는 WGS 84라는 기준 좌표를 사용한다. UTM 좌표는 GPS를 이용하여 현재의 위치와 고도를 확인하는데 큰 도움을 준다. UTM 좌표는 GPS를 이용

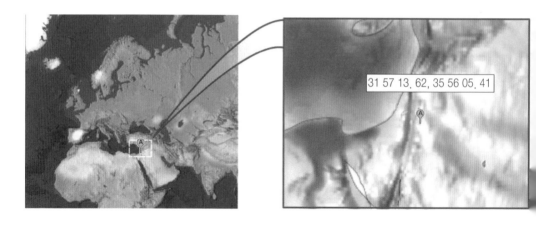

▼좌표 찍는 방법(랍바)

| 31 | 57 | 13.62, | 35 | 56 | 05.41 |

하여 현재의 위치와 고도를 확인하는데 큰 도움을 준다. UTM은 국제 횡단 메르카도르 투영법(Universal Transverse Mercator)의 약어로서 지구의 표면을 경도 6°의 띠로 분할하여 지구를 60개의 구역으로 나누어 평면 좌표 체계로 만든 것이다. UTM에서는 세계 측지 좌표(Universal Transverse Mercator Grid)를 쓴다. UTM 좌표는 직사각형의 모양을 유지하고 있기에 거리와 면적과 방향을 알아내는데 편리하다는 장점이 있다. UTM 좌표는 동서를 나타내는 UTME와 남북을 나타내는 UTMN으로 나누어진다.

## 7. 약어 사용

이 책에서 사용한 약어는 다음과 같다.

1두남(Dunam) = 100m x 10m

1에이커(Acre) = 4046.8㎡(약 4두남)

키르벳(유적을 뜻하는 아랍어) Khirbet= 약자(Kh.)

JADIS=Jordan Antiquitis Database & Information System

MEGA-Jordan=Middle Eastern Geodatabase for Antiquties Jordan

이 책에서 쓰고 있는 아랍어의 영어 표기는 지금까지 사용했던 아랍어의 일반 표시로 사용되었다(Tell, Khirbet). 그러나 일부분은 최근에 아랍 지명의 영어 통일 방법에 따른 음역 체계를 쓰기도 했다(Tall, Khirbat). 이 책에서는 성경 지명은 한글 성경 개역 개정판으로 통일했지만 일부분은 왕의 대로는 왕의 큰길이라는 지명을 사용하지 않고 왕의 대로로 사용했다.

9. 이 책에서는 1979년에 발간된 고고학 지도와 아랍어로 발간된 현대 요르단 지도로 5만분의 1, 10만분의 1, 15만분의 1의 지도를 참고하였다.

10. 요르단의 성지에 대한 추정의 근거는 부르톤 맥도날드(Burton Macdonald)의 요단의 동편(East of Jordan)과 앵커사전(Anchor Bible Dictionary)와 고고학 사전(The New Encyclopedia of Archaeological Excavations in the Holy land)을 의지했음을 밝힌다. 요르단의 기후와 지형에 대한 더 자세한 정보는 "요단의 동편"을 참조하기 바란다. 이 책에 대한 요르단의 고고학 정보와 지리적인 정보는 요르단 고고학부와 동양연구소에서 발간된 JADIS(The Jordan Antiquities Database and Information System)와 MEGA-Jordan의 자료를 인용했다. 개정판에서는 MEGA-Jordan의 정보를 주로 사용했으나 부족하거나 없는 내용은 JADIS의 자료를 인용했다. 고고학 장소의 영어 지명은 방대한 MEGA-Jordan의 검색을 위하여 MEGA-Jordan과 같은 지명으로 통일했다.

이 책에서 기록한 좌표를 측정한 GPS기계는 Garmin의 Legend, Oregon 300, Montana 650을 사용했다.

# 요르단

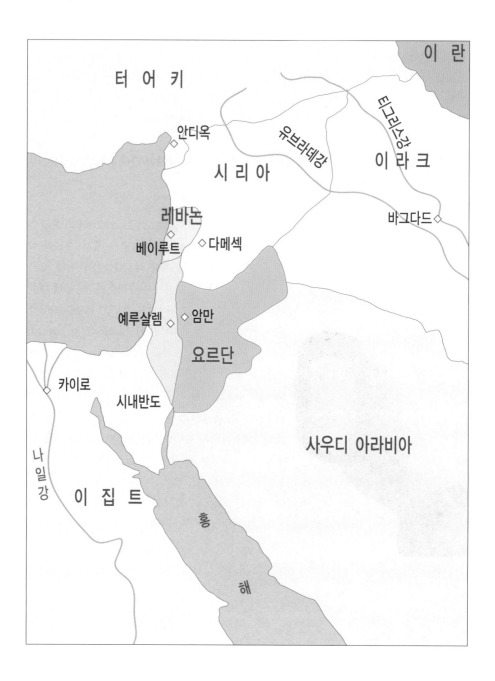

# Ⅰ. 요르단 소개

## 1. 요르단의 일반적 개요

| | |
|---|---|
| 명    칭 | 요르단 하심 왕국 (The Hashemite Kingdom of Jordan) |
| 면    적 | 89,213㎢ (영토 88,884㎢, 영해 329㎢) |
| 인    구 | 6,508,887명 (2012년 기준) |
| 해 안 선 | 26㎞ |
| 수    도 | 암만 (Amman) |
| 인구밀도 | 72명/㎢ (2012년 기준) |
| 정    체 | 입헌군주제 |
| 독 립 일 | 1946. 5. 25 |
| 통    화 | 요르단 디나르 (JD) |
| 1인당GDP | 4916$ (2012년 기준) |
| 종    교 | 수니파 모슬렘 92%, 기독교인 6%(그리스 정교회, 시리아 정교회, 카톨릭, 아르메니안, 개신교), 기타 2% |
| 인접국가 | 북쪽-시리아, 동쪽-이라크, 남쪽-사우디아라비아, 서쪽-이스라엘 |
| 시    차 | UTC+2(섬머타임 UTC+3) |

## 2. 요르단의 지리적 특성

요르단은 지리적으로 트랜스요르단(Transjordan)에 속한 지역이다. 트랜스요르단은 요단 강의 동쪽 지역을 가리키는 말로서 북쪽의 헤르몬 산에서부터 남쪽의 홍해까지의 지역으로 동쪽으로는 아라비아 사막과 완만한 경사로 연결되어 있으나 서쪽으로는 요단 강이 있는 요단 지구대와 급경사로 연결되어 있는 지역이다. 요르단은 좁은 면적을 가진 나라이지만 위치 때문에 다양한 지형적인 특징을 가지고 있다. 요르단은 지형적으로 요단 강 서편

요르단의 지형

지역과 평행을 이루고 있다. 요단 강 서편 지역이 요단 강을 중심으로 산악지대와 해안평야지대로 나누어져 있고 지중해와 연결된다. 요단 강 동편지역은 요단 강을 중심으로 산악지대와 사막지역으로 나누어져 있으며 요단 강 동쪽 지역은 요단 계곡 지역과 산악 지역과 사막지역의 세 지역으로 구분할 수 있다.

요단 계곡은 지구상에서 제일 큰 지구대에 속한다. 지구대란 좁고 긴 골짜기를 뜻하는데 요단 지구대는 단에서부터 아카바 만까지 약 500km 정도의 긴 지구대이다. 요단 지구대는 레바논의 레바논 산맥과 안티레바논 산맥 사이의 골짜기에서부터 시작하여 훌레 호수와 갈릴리 바다와 요단 계곡과 사해와 아라바 계곡과 아카바 만까지 이른다.

이 요단 지구대는 홍해와 동아프리카까지 연결된다. 사해는 해저 410m이며 사해에서 가장 깊은 곳인 리산 반도 북쪽은 수심이 330m가 되기 때문에 사해의 가장 깊은 곳은 해저 710m 정도에 이른다. 갈릴리 바다에서 사해까지는 105km의 길이로 갈릴리 바다가 해저 210m이고 사해가 해저 410m이기에 긴 경사가 이어진다. 최근 20년간의 사해의 수면이 계속하여 낮아지면서 사해는 리산 반도에 의해서 크고 깊은 북쪽의 사해와 작고 얕은 남쪽 사해로 나누어졌다. 요단 계곡지역에서는 사해에서 아카바 만까지는 북쪽으로 올라갈수록 더 깊어지는 특수한 지형이 되어 사해가 시작되는 지역의 평지는 해저 300m 정도의 저지대를 형성하고 있다. 이 지역에는 언제나 물이 흐르는 강이 한 곳도 없다.

성경과 관계되는 중요한 건천(Wadi)은 야르묵 강과 압복 강 사이에는 그릿 시내로 추

정하는 야비스(Wadi el-Yabis)가 있는데 상류 쪽에는 아벨므홀라(Maqlub)와 디셉 (Listib)이 있고 하류 쪽에는 길르앗 야베스(Tell Abu el-Kharaz)가 있다. 그 아래에는 와 디 쿠프린자(Wadi el-Kufrinja)가 있는데 상류 쪽에는 아즐룬(Ajlun) 성과 안자라 (Anjara)가 있으며, 하류 쪽으로는 사본(Tell az-Saidiyeh)이 있다. 얍복 강(Wadi az-Zarqa)을 따라서는 마하나임(Tell el-Rehil, Tulul edh-Dhahab el-Gharbiyeh)과 브니엘 (Tulul edh-Dhahab el-Shargiyeh, Deir Alla), 숙곳(Tell al-Khesas), 사르단(Tell Umm Hamad)이 있다. 얍복 강과 아르논 골짜기 사이에는 니므림 물로 추정되는 와디 슈에이 브(Wadi Shueib)에는 야셀(Kh. el-Jazzir), 브도님(Kh. Batnah), 벧 니므라(Tell Nimrin, Tell Bleibel)가 있다.

세렛 시내로 동일시하는 와디 하사(Wadi Hasa)에는 이예아바림(Kh. el-Medeineh), 르호봇(Rihab), 소알(Safi)이 있다. 세렛 시내 남쪽의 와디 페이난(Wadi Feinan)에는 부 논(Punon)이 있다. 요르단에서의 건천(Wadi)들은 물 공급원의 역할뿐 아니라 경계선의 역할도 했다. 요르단 산악지대에서 특별한 곳은 와디 람(Wadi Ram)의 산악 지역이다. 이 곳은 부분적으로 돌출된 화강암 기초에 의지한 깎아지른 모래톱의 단층지괴가 600m의 높이까지 솟아있다. 와디 히스반(Wadi Hisban)에는 헤스본(Hisban), 벧 하람(Rama, Iktanu)이 있다. 나할리엘로 추정하는 와디 자르카 마인(Wadi Zarqa Main)에는 알몬 디 블라다임(Kh. ad- Deleilat el-Garbiyya, esh-Shargiyya), 아다롯 소반(Rujm Atarus)과 아 다롯(Atarus)이 있다.

아르논 골짜기와 세렛 시내 사이에는 루힛 비탈길로 추정하는 와디 이살(Isal)에는 호 로나임(Ai, Kathrabba)이 있으며, 와디 누메이라(Wadi an-Numeira)에는 호로나임와 고 모라(Tell Numeira)가 있다.

요르단의 사막지역은 요르단의 대부분을 차지하는 광대한 지역이다. 요르단의 남동부 지역에 있으며 10,000㎢의 면적이며 사막지대는 여름의 고온과 물 부족 때문에 접근이 불가능하여 베드윈 조차도 이 지역을 회피하는 곳이다. 요르단의 중앙 사막지역의 석회 암(Limestone) 고지는 해발 1,000m에서 해발 1,700m의 고도까지 이르는 지역이다. 요 르단의 북동 사막지역은 높은 언덕과 화산 줄기가 가로막고 있는 북동 요르단 고지 (Basalts)와 단조롭고 평평하고 돌이 많은 사막지역인 석회암(Limestone) 평원으로 구분 된다. 북동 사막지대와 남쪽 사막지대의 가운데에 있는 와디 실한(Wadi Sirhan) 저지대 는 요르단의 북부와 북동부에서 사우디아라비아로 가는 통로로 사용되었다. 트랜스요르 단지역의 지리적인 특성 때문에 요르단의 국토의 대부분은 사람이 살 수 없는 사막지대 이다. 따라서, 농경과 목축이 가능한 산악지대와 요단 계곡지역에 인구가 집중되어 있다. 요르단의 지리적인 이유 때문에 성경과 관련된 유적지도 사막지대에는 전혀 없고 요단 계곡과 산악지대에 집중적으로 분포되어 있다.

## 3. 요르단의 기후와 토양

요르단 기후의 특징은 서쪽의 지중해성 기후와 동쪽과 남쪽의 사막 기후 사이에 영향을 받고 있기에 지역에 따라 온도의 변화와 강수량도 큰 차이가 있는 다양한 기후이다. 요르단의 기후는 지중해성 기후와 건조 기후(Arid), 반사막 기후(Semi-Arid)로 구분할 수 있다. 요르단의 기후는 연 강수량에 따라 지역을 구분할 수 있다. 요르단의 전 지역을 연 강우량이 300~600㎜인 지역과 300㎜ 부근인 지역과 50~300㎜의 지역과 50㎜이하의 지역으로 나눌 수 있다.

요르단에서 지중해성 기후로 볼 수 있는 지역은 연 강수량 300㎜ 부근의 지역이고 건조 기후가 있는 사막지대는 연 강수량이 50㎜ 이하인 지역이다. 요르단의 90% 이상은 연 강수량이 200㎜ 이하이다. 강수량의 70%가 요단 지구대로 흘러가고 14%만 이용이 가능

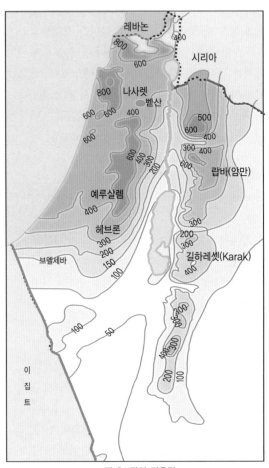

팔레스틴의 강우량

하다. 요르단에는 연 강수량이 50~300㎜인 지역이 많이 있는데 이 지역은 농경지는 드물고 초원지역이 대부분이다. 농경이 가능하려면 연 강수량이 300㎜ 정도는 되어야 한다.

요르단 지역은 6월 중순부터 9월까지의 건기와 10월 중순부터 3월 중순까지의 우기와 그 사이에 있는 계절로 나눌 수 있다. 요르단에서는 5월 첫 주부터 10월 첫 주까지는 비가 전혀 내리지 않으며 건기와 우기 사이에는 사막 폭풍과 열풍이 불기도 한다. 사막에서 불기 시작하는 열풍은 동풍을 뜻하는데 시로코(Sirocco)와 캄신(Khamsin)이다. 열풍은 4월에서부터 5월 사이와 9월부터 10월 사이에 불어온다. 시로코(Sirocco)는 아프리카에서 불어오는 뜨거운 바람이지만 겨울철에 불어오는 바람일 경우는 축축하면서 따뜻한 비바람이다. 캄신(Khamsin)은 사막에서 불어오는 메마르면서 뜨거운 바람이다. 아라비아 상공에서 불어오는 뜨겁고 메마른 강

한 열풍은 아라비아 상공의 공기가 뜨거운 육지 때문에 대류현상이 강하게 발달되어 생기는데 동쪽으로 갈수록 심해진다. 이 열풍이 불면 갑자기 기온이 급상승하여 모든 식물이 말라죽기 때문에 짧은 시간에 환경이 달라진다(출 14:21; 시 48:7; 욘 4:8). 열풍은 보통 2-3일이나 일주일 정도의 기간 동안 불어오지만 때로는 더 오랫동안 불기도 한다.

요르단에는 네 가지의 중요한 토양이 있다. 지중해 적색토양(Red Mediterranean)은 요단 동편의 서안지구와 요단 동편의 산악지역에 분포되어 있어 평지에서는 곡류와 과일 재배에 적당하고 산악지역에서는 포도나무와 감람나무가 잘 자라는 토양이다. 지중해 황토(Yellow Mediterranean)는 반 건조기후대의 지역에 많은데 산악지대와 요단 지구대, 산악지대와 초원지대 사이에 분포되어 곡류 생산과 목초지로 적합한 토양이다. 황토 스텝(Yellow Steppe)은 지중해 황토 지역과 사막지역의 사이에 있는 토양으로 보리생산과 목초지로 적합하다. 사막 회색토(Grey Desert Soil: Sierosem)는 연 강수량 150㎜ 이하의 지역에 발달되어 있기에 요르단 지역의 절반 이상을 차지한다. 요르단 동쪽의 사막지대의 대부분이 이 토양인데 물의 공급 없이는 목초지로도 쓸 수가 없다.

## 4. 요르단의 도로

요르단이 속해있는 팔레스틴 지역은 다양한 지리적인 여건 때문에 각 지역들이 고립될 수도 있었으나 중요한 도로들이 있었기에 각 지역과 성읍들과 다른 나라까지 연결될 수 있었다. 고대 근동지역에서 가장 중요한 국제적인 도로의 역할을 하던 도로가 있었는데 해변 길과 왕의 대로(왕의 큰길)이다. 이 지역에서 가장 중요한 도로였던 해변 길과 왕의 대로는 다메섹에서 연결되어 가나안 지방과 근동지역을 연결하는 통로의 역할을 하였다.

해변 길(The Way of the Sea)은 성경에도 기록된 중요한 도로로서 후에는 바닷길(Via Maris)이라고 불렸다(사 9:1). 해변 길은 블레셋 사람의 땅의 길(출 13:17)과 같은 길이다. 해변 길을 이집트에서는 바로의 길을 뜻하는 "호루스(Horus)의 길"이라고 불렀는데 그 이유는 이집트의 군대가 이 도로를 통해 진격했기 때문이다. 해변 길에는 방어와 통행을 돕기 위해 요새들이 건축되어 있었기에 이스라엘이 출애굽 할 때 이 길을 사용할 수 없었다.

왕의 대로(The King's Highway; 왕의 큰 길)는 요르단에서 가장 중요한 도로이다. 왕의 대로는 성경에서 그렇게 불렸기 때문인데(민 20:17; 21:22) 때로는 대로(Highway; 큰길)라고 부르기도 했다(민 20:19). 이 도로는 요르단의 남북을 이어주기 때문에 역사상 가장 중요한 도로였으며 지금도 요르단의 인구 밀집지역을 지나가는 가장 중요한 도로이다. 왕의 대로의 지리적인 특징은 트랜스요르단의 고지를 따라 남북으로 이어졌기에 세렛 시내와 아르논 골짜기와 얍복 강 같은 큰 계곡을 지나가며 해발 1,600m 정도가 되는 고지를 지나가는 도로이다. 반면에 요르단 지역에서 사람들이 정착해 사는 고지를 지나가면

두로

다메섹

하솔

악고

바산로

아스다롯

해변 길
(Via Maris)

므깃도

세겜

아벡

②

①

랍바(암몬)

욥바

③

예루살렘

④

가사

엔게디

⑤

⑧

① 들 길

② 요단 길

브엘세바

⑥

⑦

③ 장막에 거한 자의 길

⑬

④ 삔여시못 길

⑤ 모압 길

⑫

다말

보스라

⑥ 에돔 길

부논

⑦ 호로나임 길

가데스바네아

⑨

⑧ 모압광야 길

⑨ 에돔광야 길

⑭

⑪

⑩ 세일산 길

⑪ 홍해 길

왕의 대로

⑫ 술 길

⑬ 아다림 길

⑩

에시온게벨

⑭ 아모리 족속의 산지의 길

요르단의 고대도로 (Aharoni, The Land of the Bible. P.44)

서 아라바 길이나 사막보다는 좋은 기후의 지역인 장점이 있다. 왕의 대로는 군사적인 도로의 역할은 미미했으나 다메섹까지 연결되는 국제적인 교역로의 역할은 해변 길과 견줄 정도의 중요한 도로였다. 왕의 대로는 사막 유목민들의 길로 사용되었을 뿐만 아니라 지역과 외국을 연결해주는 교역로였다. 성경에서 왕의 대로가 중요한 이유는 이스라엘 백성들이 출애굽 하여 지나갔던 길이기 때문이다. 모세가 에돔 왕에게 왕의 대로를 이용할 것을 부탁했으나 거절당했고(민 20:17), 아모리 왕 시혼에게도 부탁했으나 거절당했다(민 21:22). 그러나 이스라엘 백성들은 왕의 대로를 사용하게 되었다. 아모리 왕에게 빼앗은 헤스본과 디본과 메드바는 왕의 대로에 있는 성읍이었다(민 21:25-30). 이스라엘 백성들이 출애굽할 때 지나갔던 알몬 디블라다임은 왕의 대로 가까이에 있었던 성읍이었다(민 33:47). 왕의 대로가 중요한 이유는 요르단 지역에서 중요한 성읍들이 왕의 대로 부근에 밀집되어 있었기 때문이다.

아카바에는 엘랏과 에시온게벨이 있었고 와디 무사(Wadi Musa)를 지날 때는 2km 옆에 페트라(Petra)가 있었으며 에돔의 도시였던 보스라(Buseirah)는 왕의 대로에서 서쪽으로 약 3km 지점에 있었다. 왕의 대로는 도벨(Tafila)과 연결되어 있고 모압의 수도였던 길하레셋(Kerak)과 연결되었고 아르(ar-Rabba)와도 연결된 도로였다. 아르논 골짜기(Wadi el-Mujib)를 지나서 동쪽으로 4.5km 지점에는 아로엘(Aroel)이 있었고 디본 갓(Dhiban)과 연결되었다. 야하스로 추정되는 키르벳 이스칸데르(Khirbet Iskander)는 왕의 대로에서 서쪽으로 400m 떨어져 있었고, 야하스로 추정되는 립(Kh. Libb)과 연결되어 있는데 이곳에서 서쪽으로 가면 마케루스 요새(Machaerus)가 있다. 메드바(Madaba)에서는 바알므온(Main)이 남서쪽 8km에 있고 나할리엘(Zarqa Main)이 남서쪽으로 22km 떨어진 지점에 있으며 북서쪽으로 9km 떨어진 곳에는 느보 산이 있다. 왕의 대로는 헤스본(Hisban)과 엘르알레(el-Al)을 지나 랍바(암만)로 연결된다. 로마 시대에도 왕의 대로가 중요하였기에 주후 2세기의 로마 황제 트라야누스(Trajanus)는 로마의 도로에 연결을 시켜서 트라얀 대로(Via Traiana Nova)라고 불렀다.

성경에서 왕의 대로의 북쪽은 헤스본에서 바산의 수도인 아스다롯으로 연결되었기 때문에 "바산 길"이라고 불렀고 이스라엘은 이 길을 따라 전진하여 에드레이에서 바산 왕 옥과 싸워 승전하였다(민 21:34,35; 신 3:1). 왕의 대로의 동쪽 사막지대에는 에돔 광야의 길(The way of the wilderness of Edom)과 모압 광야 길(The way of the wilderness of Moab)이 있었다. 에돔 광야 길과 연결된 모압 광야 길(신 2:8)은 지금의 사막고속도로(Desert Highway)나 오토만 시대의 철도(Darb al-Hajj) 부근의 길로 추정한다.

요르단과 이집트를 연결하는 고대도로는 신 광야를 통해 가데스 바네아를 통해 시내 반도의 술 광야를 지나는 "술 길(The way to Shur)"이 있었다(창 16:7). 술 길은 아라바 길과 연결이 되어 요르단과 연결되었다. 에돔 산지를 지나 남쪽의 엘랏에서 바란 광야를 지나 이집트로 연결되는 세일 산 길(The way of mount Seir)이 있었다(신 1:2).

세일 산 길은 홍해 길과 왕의 대로와 연결되었다. 이스라엘 백성들이 머물렀던 가데스 바네아에서 에돔과 모압으로 가는 고대의 도로가 있었는데 아라바 계곡으로 가는 길이기에 아라바 길(The way to the Arabah) 이라고 불렀다. 이스라엘 백성들이 호렙산에서 가데스 바네아로 가는 길이었던 크고 두려운 광야에 있는 아모리 족속의 산지의 길이 있었다(신 1:19).

요르단의 고원지대에 있는 왕의 대로의 서쪽의 아라바 계곡에는 홍해 길이 있었다. 이 길은 아카바와 사해 사이에 있는 와디 아라바(The Wadi Arabah)를 따라 생긴 길이다. 아라바 계곡의 길을 홍해로 가는 길이라는 뜻으로 홍해 길(The way to the Reed Sea)로 불렀다. 홍해 길이 중요한 이유는 아라바 계곡을 따라 아브로나(Ain Defiyeh)와 살모나(Bir Madhkur)와 부논(Feinan)과 이르나하스로 추정하는 구리 광산 키르벳 나하스(Kh. en-Nuhas)와 오봇(Ghuweiba)이 있으며 사해가 끝나는 지점에는 세렛 시내(Wadi Hasa)가 있기 때문이다(출 13:18; 민 14:25; 21:4; 신 1:40; 2:1).

세렛 시내가 중요한 이유는 이스라엘 백성들이 가데스 바네아를 떠나 이곳까지 38년 걸렸다는 것과 이 시내를 건너 왕의 대로를 따라 북상했기 때문이다(신 2:14). 세렛 시내의 중간 지점에는 이예아바림(Kh. el-Mudayna)이 있다.

이스라엘에서 요르단으로 가는 길은 사해의 북쪽으로 가는 길과 사해를 건너가는 길과 사해의 남쪽으로 가는 길이 있었다. 사해의 북쪽에는 갈릴리 바다 남쪽으로 가는 길과 사마리아와 세겜 지역에서 아담 부근의 요단 강을 건너는 길이 있었다. 예루살렘과 여리고와 요르단을 연결하는 중요한 길이 사해 북단에 있었다. 여리고에서 동쪽으로 가는 이 길은 요단 길(수 2:7)이라고 불렀다.

헤브론 지역에서 엔게디로 내려가는 길은 모압 길로 추정한다. 엔게디 지역에서 사해를 건너 요르단의 리산(Lisan)지역으로 연결하는 도로는 이스라엘에서 모압으로 가는 길 중에서 가장 편리한 길이었는데 암몬 연합군이 유다의 여호사밧을 공격할 때 이 길을 이용했을 것으로 추정한다(대하 20장). 이 길은 호로나임 길과 연결되어 왕의 대로와 연결된다.

사해의 남쪽 지역에서 요르단으로 가는 길은 두 개의 길이 있었다. 첫째는 이스라엘과 에돔 연합군이 모압을 공격 했을 때 사용했던 이 길을 "에돔 광야 길"이라고 불렀으며 (왕하 3:8) "에돔 쪽에서(The way of Edom)"라고 기록되었다(왕하 3:20). 이 길은 에돔 길(The way to Edom)이라는 뜻이다. 둘째는 시내 광야의 술 길과 연결되어 왕의 대로와 연결되는 아라바 길(The way to the Arabah)이다. 이 길은 다말에서 부논을 거쳐 보스라를 통해 왕의 대로와 연결되었다.

요르단에서 남북으로 이어지는 중요한 국내도로가 있다. 갈릴리 바다와 사해 사이의 요단 계곡을 따라 있는 계곡 길이다. 이 지역에는 요단 강 서쪽 길과 요단 강 동쪽 길이 있었는데 요단 강 동쪽의 길이 더 중요하다. 그 이유는 서쪽 길보다 도로의 여건도 좋았고 동쪽 길을 따라 중요한 정착지들이 있었기 때문이다. 이 지역에는 펠라, 길르앗 야베스, 사본, 숙곳, 사르단 같은 중요한 성읍들이 많았다. 이 길을 성경에서는 들 길(삼하 18:23; The way of the Plain), 새번역에서는 요단 계곡을 지나는 길이라고 기록하였다.

요르단에서는 동서를 연결하는 지역 도로가 성경에 더 기록되어 있다. 얍복 강 계곡을 따라 브니엘과 마하나임 지역으로 가는 길이 있었는데 기드온은 이 길을 따라 미디안 사람들을 추격하여 장막에 거한 자의 길(The way of the tent dwellers)까지 갔다(삿 8:11). 그 밖에 요단 계곡의 모압 평지에서 헤스본까지 올라가는 벧여시못 길(The way Beth-Jeshimoth)과 사해에서 길하레셋과 왕의 대로가 연결되는 호로나임 길(The road to Horonaim)이 있다.

## 5. 요르단의 역사

요르단에서 인간이 거주했던 시대는 석기 시대로 거슬러 올라가지만 인간의 문자가 시작된 시대를 주전 3200년경으로 본다면 요르단의 역사를 청동기시대부터 다루어야 한다. 석기 시대가 주전 4300년 이전의 시대이고 석동기 시대(금석병용기)가 주전 4500년부터 3200년까지도 구분한다면 주전 3300년 전부터 2200년까지의 초기 청동기 시대부터 요르단의 역사를 살펴보아야 유익할 것이다. 초기 청동기 시대를 지나 중기 청동기 시대로부터 근대까지의 요르단 역사를 간단히 기록하면 다음과 같다.

**중기 청동기 시대** : 주전 2300-1550년

**후기 청동기 시대** : 주전 1550-1200년

성경에 기록된 에돔과 암몬과 모압이 형성되고 출애굽사건과 이스라엘과 가나안정복이 이루어진 시대이다. 역사적으로는 람세스(Ramses) II 세의 가데스 전투가 주전 1280년에 있었다.

**철기 시대**: 주전 1200-586년

성경에 기록된 사사 시대와 통일 왕국 시대와 분열 왕국 시대와 앗수르의 침략과 바벨론 포로 시대와 바사 시대가 해당되는 시대이다. 철기 시대는 전기 철기 시대(주전 1200-1000년)와 후기 철기 시대(주전 1000-586년)로 나누어진다.

**페르시아시대** : 주전 586-332년

**헬 라 시 대** : 주전 332-주후 63년

　　　　　　알렉산더의 정복과 프톨레미 왕조와 셀류시드 왕조와 나바티안 왕국의 시대였다.

**로 마 시 대** : 주후 63-주후 330년

비잔틴 시대 : 주후 324-635년
아 랍 시 대 : 주후 635-1099년
　　　　　우마야드(Umayyad) : 635-750년
　　　　　아바시드(Abbasid) : 750-969년
　　　　　파티미드(Fatimid) : 969-1099년
십자군 시대 : 주후 1099-1268년
　　　　　십자군의 예루살렘 왕국 건립(1098-99년)
　　　　　살라딘의 예루살렘 함락(1187년)
마믈룩(Mameluk) 시대 : 주후 1263-1516년
　　　　　마믈룩 술탄이 케락(길 하레셋)과 아즐룬 성을 함락(1263년)
　　　　　몽골의 침략을 격퇴(1400년)
오토만 터어키 시대 : 주후 1516-1917년
현대 요르단 왕국 : 1920년 : 영국의 위임통치
　　　　　1946.5.25 : 요르단 독립
　　　　　1967.6.5 : 요르단 서안지구(Westbank)
　　　　　3차 중동전쟁 때 이스라엘에게 점령 상실

# II. 성경의 요르단

　성경에서 요르단 지역과 관련된 수많은 내용들이 기록되어 성경을 연구하기 위해서는 반드시 요르단에 대한 이해가 필요하다.

## 1. 구약 성경에서의 요르단

　1) 성경에 기록된 최초의 국제 전쟁이 이 지역에서 일어났다. 북쪽의 연합군이 요르단 지역에 있는 다섯 나라의 왕과 싸웠다. 소돔과 고모라와 아드마와 스보임과 벨라(소알)는 사해지역에 있는 나라였다. 이 때 소돔에 살던 롯이 사로 잡혀갔고 아브라함이 다메섹 왼편에 있는 호바까지 쫓아가서 롯과 그 일행을 구출하였다(창 14:1-2, 12-18).
　2) 하나님의 심판을 받은 소돔과 고모라에 관계된 유적들은 대부분 요르단 지역에 있다. 소돔과 고모라와 관계된 곳으로 추정되는 곳과 구원받은 롯이 피한 소알과 소알을 떠난 롯이 머물렀던 동굴이 사해 동남쪽 지역에 있다. 이곳에서는 모압과 암몬 족속이 시작된 곳으로 추정된다(창 19:23-30, 36-38).

3) 요르단은 야곱이 이스라엘이라는 이름을 받은 곳이다(창 32:28~30). 가나안 땅으로 돌아오던 야곱이 하나님의 사자를 만난 마하나임과 천사와 씨름하여 이긴 브니엘과 세겜으로 가기 전에 머물렀던 숙곳이 요르단에 있다(창 32:1, 30;33:17).

4) 요르단은 애굽을 떠난 이스라엘 민족이 가나안 땅으로 갈 때에 지나간 출애굽의 길이다. 이스라엘 민족이 출애굽 때에 지나갔던 지역 중에서 요르단에 위치한 장소들이 많이 있었다. 이스라엘 민족이 지나간 왕의 대로가 요르단에 있으며 성경에 출애굽 때에 지나간 장소들이 기록되어 있는 장소들이 요르단에 있다. 출애굽 여정 때 이스라엘이 지나간 장소들 중에서 요르단 지역 내에 있을 것으로 추정되는 장소들은 민 21:4-26, 민 33:35-49, 신 2:8-32를 중심으로 배열해 보면 다음과 같다.

아브로나 → 엘랏, 에시온게벨 → 호르 산 → 홍해 길(모압 광야 길) → 부논 →오봇 → 이예아바림 → 세렛 시내 → 아르논 골짜기 → 디본갓 → 알몬디블라다임 →브엘 → 맛다나 → 나할리엘 → 그데못 광야 → 야하스 → 헤스본 →비스가(아바림:느보 산) → 모압 평지(벧여시못, 아벨싯딤) → 요단 강(사르단, 아담)

모세는 요르단에 있는 느보 산에서 가나안 땅을 바라보고 죽었다. 요르단은 팔레스틴의 중요한 도로가 지나가는 교통 중심지이다. 요르단을 남북으로 연결하여 아카바에서 이르비드까지 연결하는 왕의 대로(King's Highway)는 해변 길(Via Maris)과 함께 가장 중요한 국제도로였다. 해변 길은 이집트에서 해변을 따라 가다가 므깃도가 있는 이스르엘 골짜기를 지나 하솔을 지나서 다메섹에 이른다. 왕의 대로는 이집트에서 엘란을 지나 랍바에 이르고 랍바에서 다메섹에 이르는 바산로(Road to Bashan)에 연결이 된다. 엘랏에서 시작되던 왕의 대로는 사막쪽으로 연결된 에돔 광야 길과 모압 광야 길로 연결되어 랍바에 연결되고 랍바에서는 두마(Dumah)로 연결되는 대상로(Caravan Route)로 이어진다.

5) 요르단은 이스라엘의 르우벤 지파와 갓 지파와 므낫세 지파가 정착하였던 곳이다. 요르단은 이스라엘이 정착하기 전에는 아모리 족속과 암몬 족속과 모압 족속과 에돔 족속이 살던 지역이었다. 모세는 아모리 족속의 왕 시혼을 멸망시키고 길르앗 지역을 확보하였고(수 12:2-3) 바산 왕 옥을 멸망시키고 바산 땅을 확보하였다. 이 지역은 르우벤 지파와 갓 지파와 므낫세 반지파가 정착하였다(신 4:46-49). 여호수아는 가나안 정복을 마치고 요르단으로 돌아가는 두 지파 반을 축복하고 보내었다(수 22:1-6). 트랜스요르단에는 여러 곳의 도피성이 있었다. 므낫세 반 지파를 위한 두 곳의 성읍인 골란과 브에스드라는 시리아에 있었다(수 21:27). 르우벤 지파를 위한 성읍은 베셀, 야하스, 그데못, 므바앗(메바앗)이었고 갓 지파를 위한 성읍은 길르앗, 라못, 마하나임, 헤스본, 야셀이었는데 요르단 지역에 있었다(수 21:36-39; 대상 6:39-66; 6:54-81).

6) 요르단은 사사 기드온이 미디안 사람들을 추격하여 승전한 곳이며 자신을 영접하지 않은 숙곳과 브누엘 사람들을 징벌한 곳(노바, 욕브하, 브누엘, 숙곳)이다(삿 8:8-12; 삿 8:15-17).

7) 요르단은 이십 이년 동안 이스라엘을 다스렸던 사사 야일의 고향이었던 야일의 동네라는 이름의 하봇 야일이 길르앗 지역에 있었고 야일이 장사된 가몬이 있는 곳이다(삿 10:3-5). 르호보암 왕의 모친은 암몬 여인이었고 보아스와 결혼하여 예수님의 조상이 된 룻은 모압 여인이었다(대하 12:13; 룻 1:4).

8) 요르단은 길르앗 사람인 사사 기드온이 암몬의 공격을 물리치고 암손 자손들의 항복을 받은 곳이다(삿 8:23-33).

9) 요르단은 사울이 암몬의 공격을 받은 길르앗 야베스 사람들의 구원 요청을 받고 암몬을 공격하여 승전한 곳이다. 길르앗 야베스의 승전 이후에 사울은 이스라엘의 왕이 되었다(삼상 11:8-11). 후에 길르앗 야베스의 사람들은 사울 왕이 블레셋 사람들에게 전사하고 그의 시신이 벧산 성벽에 걸려있는 것을 수습하여 야베스에서 장사를 치루는 보은을 하였다(삼상 31:11-13). 사울 왕 때는 요르단의 일부 지역까지 이스라엘의 영토가 되었으며(삼상14:47-48) 사울 왕이 죽은 후에 다윗과 대치할 때에 사울 왕의 아들 이스보셋이 왕이 되어 마하나임을 임시 수도로 삼아 왕권을 찾으려는 시도를 했으나 실패했다(삼하 2:9).

10) 다윗과 요르단

요르단은 사울을 피하여 도망하던 다윗이 부모와 함께 잠시 피신했던 모압 미스베가 있던 곳이며(삼상 22:3-4) 다윗의 부하 중에는 요르단 지역의 갓 지파 사람들과 암몬 사람 셀렉도 있었다(대상 12:8-14 ; 11 : 39; 삼하 23:37). 요나단의 아들 므비보셋은 사울의 전사 이후에 요르단의 로드발에 있는 마길의 집으로 도망가 살고 있었는데 다윗은 므비보셋을 불러 후대하여 요나단과의 우정을 지켰다(삼하 9:4-13). 이스라엘의 왕이 된 다윗은 서쪽의 블레셋을 제압하고 동쪽의 모압을 공격하여 승리하여 모압을 속국으로 만들었다(삼하 8:1-2). 다윗은 조문 사절을 모욕한 암몬을 공격하여 수도인 랍바를 정복하였고 암몬의 모든 성읍을 공격하였다(삼하 10:14; 12:26-31). 암몬의 수도인 랍바를 공격할 때에 밧세바의 사건이 일어났고 우리야는 랍바를 공격할 때 전사했다(삼하 11:22-25). 다윗은 에돔까지 공격하여 정복하고 수비대를 주둔시킴으로 요르단의 모든 지역을 이스라엘의 영토로 만들었다(대상 18:12-13). 다윗은 인구조사를 할 때 모압 지방에 있는 아르논 골자기 가에 있는 아로엘에서부터 야셀과 길르앗 라못을 경유하여 레바논에 있는 이욘까지 인구조사를 하였다(삼하 24:5-7).

다윗은 압살롬의 반란을 피해 요르단의 마하나임으로 피신했고 요르단에 있던 사람들이 다윗을 도왔다. 랍바(암만) 사람 소비와 로데발(로드발)사람 바실래와 로글림 사람 바르실래는 다윗을 도와주었다(삼하 17:24, 27). 다윗의 군대와 압살롬의 군대는 요르단에 있는 에브라임 수풀에서 전투를 했고 다윗의 군대가 승리했던 비극이 있었던 곳이다(삼하 18:6-8, 18:15). 다윗 때에 레위지파의 성읍이었던 베셀, 야사, 그데못, 메바앗, 길르앗 라못, 마하나임, 헤스본, 야셀이 요르단에 있었다(대상 6:78-81).

11) 요르단은 솔로몬 왕 때 이스라엘의 영토였다. 솔로몬 왕 때 길르앗 지역은 솔로몬의 행정구역에 편성되었고 예루살렘 성전을 위한 놋 기구를 만드는 지역이 되었다(왕상 4:13, 19, 24; 7:46). 솔로몬은 요르단의 에시온게벨에서 배를 짓고 홍해 쪽의 해상 교역로를 확보하였다(왕상 9:26~28).

12) 이스라엘 역사와 요르단

북 이스라엘의 여로보암 왕은 요르단에 있는 브누엘(브니엘)까지 통치하였다. 여로보암은 북 이스라엘의 정치적인 안정을 위하여 이 지역을 지배하려고 하였다(왕상 12:25). 유다 왕 여호사밧과 북 이스라엘 왕 아합의 연합군이 아람 군대와 싸우다가 패전하여 아합 왕이 전사한 곳이 요르단에 있는 길르앗 라못이었다(왕상 22:29~36). 남 유다와 북 이스라엘과 에돔 연합군이 에돔 광야 길로 모압을 공격할 때에 마실 물이 없어 걱정할 때 엘리사를 통해 기적이 일어났다(왕하 3:20). 연합군의 포위에서 탈출하지 못한 모압 왕은 길하레셋에서 맏아들을 죽여 번제를 드리는 것을 본 이스라엘 군대는 고국으로 돌아갔다(왕하 3:25-27).

유다 왕 여호사밧은 다시스의 상선을 건조하여 오빌로 금을 구하러 보내려고 했으나 에시온게벨에서 배가 파선하는 사고가 있었다(왕상 22:48). 아람 왕 하사엘이 북 이스라엘 왕국을 공격할 때에 요르단에 있는 이스라엘의 영토를 공격하였다(왕하 10:32~33). 유다 왕 아마샤가 요르단 지역을 공격하여 에돔 사람

일 만 명을 죽이고 셀라를 공격하여 뺏은 후에 그곳 이름을 욕드엘이라고 하였으며 이 승리로 인해 교만해진 아마샤가 북이스라엘과의 전쟁에서 패전하였다(왕하 14:7). 아마샤의 아들인 아사랴 왕은 엘랏을 건축하여 영토를 확장하였으나(왕하 14:22) 아람 왕 하신은 유다 왕 아하스 때에 유다 사람들을 엘랏에서 쫓아내고 자신 의 영토로 만들었다(왕하 16:6). 아하스 왕 때 에돔 사람들은 유다를 공격하여 유다 백성들을 포로로 잡아갔다(대하 28:17). 유다 왕 여호야김 때에 바벨론 왕 느부갓네 살의 군대가 아람 군대와 모압 군대와 암몬의 군대와 연합하여 유다를 공격하였다 (왕하 24:2). 느헤미야가 예루살렘 성을 건축할 때에 방해하였던 도비야는 암몬 사 람이었다(느 2:10).

13) 엘리야와 엘리사와 요르단

요르단은 엘리야와 엘리사의 고향이며 활동무대였다. 엘리야는 디셉 출신인데 엘리 야의 고향인 디셉과 핍박 때 피신했던 그릿 시내도 요르단에 있는 것으로 추정한다. 엘리야는 요단 강에서 승천하였다. 엘리야의 언덕이라고 추정되는 곳이 요르단에 있 다(왕상 17:1). 엘리사가 예후에게 기름을 부어 이스라엘의 왕으로 삼은 길르앗 라못 이 요르단이었으며(왕하 9:6-7) 엘리사의 예언을 들은 북 이스라엘과 남 유다와 에돔 의 연합군이 길하레셋의 모압군대를 공격하여 승리하였다(왕하 3:21-27).

14) 이사야 선지자의 예언과 요르단

예수님께서 가버나움을 사역의 중심지로 삼으신 것은 이사야를 통한 예언의 응답이 었는데 요단 강 저편은 요단 강 동쪽인 요르단 지역을 가리키는 것이었다(마 4:15; 사 9:1). 이사야는 모압에 대한 경고의 말씀을 전했는데 모압에 있는 성읍들의 이름을 열 거하면서 모압의 멸망을 예언했다. 이사야가 기록한 성읍들은 다음과 같다(사 15~16 장).

알(아르,모압 알), 길, (기르1(모압, 길하레셋), 바잇, 디본, 느보, 메드바, 헤스본, 엘르알레, 소알, 에글랏 슬리시야, 루힛비탈길, 호로나임 길, 니므림 물, 버드나무 시내(세렛 시내), 에글라임, 브엘엘림, 디몬(맛 멘), 셀라3(모압), 아르논 나루, 십마, 야셀

15) 예레미야 선지자의 예언과 요르단

예레미야는 모압의 멸망에 대한 경고의 말씀을 전했는데 이사야와 마찬가지로 모압 의 성읍들의 이름을 열거하면서 구체적으로 예언하였다. 예레미야가 기록한 성읍들 은 다음과 같다(렘 48~49장).

느보, 미스갑, 헤스본, 맛멘(디몬), 호로나임, 루힛 언덕, 디본, 아로엘, 아르논 가, 홀론2(모압), 야사, 메바 앗, 벧 디불라다임, 기라다임2(르우벤), 벧 가물, 벧 므온, 그리욧, 보스라, 길헤레스(기르(모압, 길, 길하레 셋), 십마, 야셀, 엘르알레, 소알, 에글랏 셀리시야, 니므림의 물, 헤스본, 시혼, 랍바(암몬), 아이

예레미야는 에돔의 멸망에 대한 경고의 말씀을 전했는데 에돔이 소돔과 고모라와 그

이웃 성읍들과 같이 멸망할 것을 구체적인 성읍의 이름을 열거하면서 전했다. 예레미야는 에돔의 대표적인 성읍인 데만, 드단, 보스라2(에돔)의 이름을 기록하였는데 드단은 사우디 아라비아에 있다(렘 49:7~22).

예레미야는 암몬이 받을 심판에 대해서는 예언을 했다. 예레미야는 암몬의 성읍인 랍바, 헤스본, 아이2(암몬)을 언급했다.

16) 에스겔은 암몬 족속과 모압 족속과 에돔 족속을 향하여 예언한다. 암몬 족속은 이스라엘의 멸망을 보고 기뻐하였기 때문이었고, 모압 족속은 이스라엘 백성도 이방 백성과 다름이 없다고 빈정거렸고, 에돔 족속은 이스라엘 백성에게 복수심을 가지

고 보복하여 벗을 수 없는 죄를 지었기에 하나님의 심판을 받을 것이라고 예언했다 (겔 25:1~14). 아모스는 요르단 지역에 있었던 족속들인 에돔의 심판(암 1:11-12) 과 암몬의 심판 (암 1:13)과 모압의 심판(암 2:1-3)을 예언하였다.

17) 느헤미야의 사역을 방해하던 반대자 중의 하나였던 도비야는 암몬 자손으로 불리 워졌다. 도비야는 지금의 요르단 지역에 근거를 두었으며 그와 관계된 유적이 길르 앗 미스베 추정 지역에 있다(느 2:10,19 ; 6:14; 13:7,8).

## 2. 신약 성경과 요르단

### 1) 신약 시대의 요르단

신약 시대의 요르단을 가리키는 땅은 데가볼리와 베레아가 해당되는 곳이다. 데가볼리(Decapolis)는 10개의 도시를 가리키는 말로서 알렉산더 대왕이 이 지방을 점령한 뒤에 헬라 사람들을 정착시켜 세운 도시와 오래된 도시를 다시 개발하여 세운 10개의 도시가 연맹을 이룬 곳이다. 이 도시들은 로마의 통치 아래 있었으나 자치도시였으며 2세기경까지 존재하였다. 데가볼리는 초기에는 헬라문화의 중심지가 되었다가 로마 시대 이후에는 헬라 로마 문화가 확장된 곳이었다. 신약 성경에는 데가볼리 지역을 "데가볼리 지경"이라고 기록하였다(막 7:31; 5:20; 마 4:25).

데가볼리에 속한 10개의 도시는 확증되지 않지만 데가볼리에 속한 대부분의 도시들이 요르단에 있다.

베레아(Perea)는 "건너편 땅"이라고 뜻을 가진 단어로서 사해 북쪽으로부터 요단 강 동쪽까지의 지역을 가리킨다. 헤롯대왕이 이 지역을 통치하였는데 헤롯대왕이 죽은 후에 헤롯 안티파스가 갈릴리와 이곳을 다스렸다. 베레아라고 부르는 지역의 영역은 시대에 따라 달라졌다. 헤롯 안티파스가 다스린 시대에는 북쪽으로는 펠라의 남쪽부터, 남쪽으로는 아르논 강까지와, 동쪽으로는 메드바와 필라델피아로 불렀던 암만까지와, 서쪽으로는 요단 강에 이르는 지역을 베레아라고 하였다. 구약 시대의 길르앗과 암몬 지역의 일부분과 모압의 산악 지대는 베레아 지방이었다. 주전 6세기경부터 아랍 족속인 나바티안 사람들이 에돔 지역과 암몬 지역의 일부분을 점령하면서 에돔인들은 주전 586년 예루살렘 멸망 후에 유다의 남쪽지역을 장악했다.

에돔 족속은 헤브론 남부로 들어와서 예루살렘 남쪽 24km 지점인 벧술과 할홀 지역까지 자신들의 영역을 확장했다. 에돔 족속이 거주한 이 지역을 이두매라고 불렀다.

이두매는 에돔 족속과 유대인과 시돈과 나바티안 사람들이 섞여 사는 지역이 되었다. 헤롯대왕의 할아버지인 안디바가 이두매의 총독이었기 때문에 헤롯대왕은 이두매 출신이었다. 그런 이유로 헤롯이 통치하는 시대에는 이두매 사람들을 중용하였다. 신약성경에서 이두매는 예수님을 찾아온 사람들을 설명할 때 한 번 언급되었다(막 3:8).

## 2) 예수님과 요르단

예수님께서 세례 받으신 요단 강은 요르단에 있는 벧 아라바(베다니)지역으로 추정하기도 한다. 나사렛에서 베다니 지역으로 가실 때에도 요단강 동편의 길을 따라가신 것으로 추정된다. 신약시대에는 유대와 갈릴리 지방을 다닐 때에는 사마리아 지역을 피하기 위하여 벧산에서 요단 강을 건너 요단 강 동편에 있는 요르단 평지의 길을 다니는 것이 편리했었다고 한다(막 1:9; 요 1:28).

예수님께서 두로에서 수로보니게 여인의 딸을 고치시고 돌아오실 때에 데가볼리 지경을 통과하여 갈릴리로 돌아오신 것을 내륙지방을 두루 다니시다가 가다라(Gadara)를 통과하여 갈릴리 지방으로 돌아오신 것으로 추정한다(막 7:31).

예수님의 소문을 듣고 예수님을 찾아 나온 사람들 중에는 요단 강 건너편이라고 표현된 요르단 지역의 사람들도 있었다(막 3:8).

예수님께서 예루살렘을 방문하실 때에는 요단 강 동편에 있는 요르단 평지의 길을 통해서 가셨을 것으로 추정된다(요 11:7).

## 3) 세례 요한과 요르단

세례 요한은 유대 광야에서 활동하였다. 유대 광야는 예루살렘에서 여리고로 내려가는 지역에서부터 마사다에 이르는 지역을 가리키는데 그가 요단 강에서 세례를 주었다고 한다면 여리고 부근의 요단 강 지역으로 추정할 수 있다(마 3:1,7). 예수님께서 세례받으신 베다니를 와디 엘 카르라르(Wadi el-Kharrar) 지역이라고 한다면 세례 요한의 활동지가 요르단과 이스라엘의 국경 지역이라고 추정할 수 있다. 세례 요한은 마케루스(Machaerus) 요새에서 옥에 갇혔다가 죽임을 당했다고 추정한다. 마케루스 요새는 헤롯 안디파스의 여름 별장으로 사용되었던 곳이다(마 14:3; 막 6:17).

이스라엘의 지파별 영토

가다라(Umm Qeis)

이르비드(벧아벨)

펠라

아즐론

거라사(Jarash)

니므라

암만(랍바)

알렌비다리(Allenby)

베다니(Wadi Karrar)

느보산

메드바

이
스
라
엘

소돔
Bad adh Dhra

케락(길하레셋)

소알(as-Safi)

타필라(도벨)

부논
(Feinan)

← 왕의 대로

페트라
(셀라)

마안(Maan)

도벨의 양무리

# 길르앗, 암몬 지역

아르묵강

가다라 Umm Qeis

벧 아벨

로드발-1    함    길르앗라못-1

펠라   길르앗야베스

그릿 시내   아벨므홀라

디셉

마르엘리야스

사본-1    거라사 Jarash

데일 알라 숙곳-2,브니엘 1

얍복강

사르단

아담   야셀   그낫

욕브하

랍바(암만)

니므라 Nimrin    아벨그라밈 2

베다니   벧하란-1    민닛

벧하란-2

벧여시못   헤스본   아벨그라밈 1

십마

## 길르앗 Gilead (기념하기 위해 쌓은 돌무더기)

성경에서 길르앗은 '길르앗 산지' (신 3:12), ' 요단 동편 길르앗' (수 17:5), '요단 저편 길르앗 아모리 사람의 땅' (삿 10:8), '요단 동편 온 땅 길르앗' (대상 5:10, 왕하 10:33)이라고 불렸다. 호세아는 길르앗을 행악자의 고향이라고 부르기도 하였는데 길르앗 라못이나 길르앗 야베스 같은 성읍을 가리키는 것 같다(호 6:8). 길르앗 지역은 북쪽의 야르묵 강에서부터 얍복 강까지의 좁은 지역으로 보기도 하지만 얍복 강 남쪽지역의 암몬과 모압 지역까지를 넓은 지역의 길르앗으로 보기도 한다. 북쪽에 있는 바산 산지는 해발 600m 부근의 높이의 지역이지만 남쪽에 있는 길르앗 산지는 평균 높이가 해발 900m 정도의 지역이다. 북쪽에 있는 바산 지역이 비옥한 평원 지역인 것에 비하여 길르앗은 산악 지대이다. 길르앗 라못과 길르앗 야베스와 마하나임이 있는 길르앗 북부 지역이 길르앗 남부 지역보다 더 높다. 길르앗 산지는 요단 강 서쪽에 있는 중앙 산악 지대와 여러 모로 조건이 비슷하다. 길르앗 산지와 요단 강 계곡 쪽의 지역은 지금도 산림이 남아 있고 고대에는 산림이 무성하였을 것으로 추정된다. 이 지역에서 채취된 유향이 두로와 애굽으로 수출되었다(렘 8:22; 46:11).

길르앗 산지는 대부분이 석회암으로 이루어져 있고 얍복 강 계곡에는 누비아 사암이 노출되어 있다. 길르앗 지역의 동쪽에는 바산의 하우란 산맥 같은 높은 산악 지대가 없이 개방된 지역이기에 외침에 끊임없이 시달렸다. 길르앗 산지는 연평균 강우량이 500-600mm 되는 물이 풍부한 지역이기에 야르묵 강과 얍복 강이 요단 강에 물을 공급해준다. 이스라엘이 점령하기 전에는 아모리와 모압 사람이 살고 있었다. 이스라엘이 점령한 후에는 길르앗 북부 지역은 므낫세 반 지파에게 길르앗 남부 지역은 갓 지파에게 분배되었다. 길르앗은 경제적으로 이스라엘의 중요한 지역으로 포도, 감람 열매, 밀이 생산되었다. 그뿐 아니라 정치적으로도 중요한 지역이 되어 사울 왕이 죽은 후에 그의 군대장관 아브넬이 이스보셋을 길르앗의 마하나임에서 왕으로 삼고 마하나임을 수도로 삼았다. 다윗이 압살롬의 난을 피해 길르앗으로 도피했으며 북이스라엘의 여로보암 왕은 길르앗에 있는 주요 성읍 브니엘을 요새화할 정도로 길르앗은 중요한 지역이었다. 길르앗에는 길르앗 라못, 길르앗 야베스, 마하나임, 브니엘, 디셉, 길르앗 미스베, 숙곳, 거라사 같이 중요한 성읍들이 있다.

# 암몬

길르앗의 동쪽은 가축이 늘어나면서 머물던 길르앗 땅이 좁아지자 유브라데 강까지 이어지는 광야로 흩어져 살던 르우벤 지파가 사울 왕 때 하갈 사람들을 정복하고 살던 길르앗 동쪽 온 땅은 르우벤 지파의 확장된 영토였다(대상 5:10). 길르앗 동쪽 온 땅은 성경에 한 번 기록된 지명으로 길르앗 지방은 갓 지파와 므낫세 반 지파의 영토였으나 르우벤 지파가 북상하며 갓 지파와 므낫세 반 지파의 영토인 길르앗의 동쪽 지역을 점령한 것으로 보인다. 사울 왕이 죽은 후에 이스보셋을 길르앗의 마하나임에서 왕으로 삼고 마하나임을 수도로 삼았다. 다윗은 압살롬의 난을 피해 길르앗으로 도피했으며 북이스라엘의 여로보암 왕은 브니엘(부느엘)을 요새화할 정도로 길르앗은 중요한 지역이었다.

## 암몬 Ammon

롯의 작은 딸에게서 시작된 암몬 족속은 후에 얍복 강 상류에 자리 잡은 작은 왕국을 이루었다(창 19:38). 이스라엘이 요단 강 동편의 땅을 정복할 때 암몬 족속의 땅은 침범하지 않았다. 하나님께서 암몬 자손들이 사는 곳은 롯의 자손에게 주신 땅이기에 그 땅을 이스라엘에게 주지 않겠다고 하셨다(신 2:19). 암몬 자손이 사는 지역은 석회암 지대로 깊이 32km, 폭이 16km 정도 되는 분지에 자리 잡았고 넓은 계곡에는 얍복 강이 흐르고 있었다. 암만의 주변은 넓고 비옥한 평원이기에 관개농업도 가능한 지역이었다. 얍복 강은 랍바(암만)에서 발원하여 동쪽으로 흐르다가 북쪽으로 바뀐 후에 다시 서쪽으로 흘러 요단 강으로 유입된다. 암몬 산지는 연 평균 강우량이 400mm 정도이고 동쪽으로 조금만 가면 강우량이 적은 사막 지역이 나타난다. 암몬은 동쪽의 사막 지대에 노출되었기에 사막 유목민의 공격을 자주 받았고 모압 족속의 공격도 받았다. 암몬은 농업과 목축업의 혼합 경제 체제를 이루고 있으며 암몬, 모압, 에돔 중에서 가장 약한 나라였다. 모세가 갓 지파에게 분배한 땅은 암몬 자손의 땅 절반과 랍바 부근의 아로엘이었다(수 13:25).

귀신들린 사람을 고쳐준 예수님의 기적이 일어난 가다라 지방은 성읍의 이름이 아니라 지역의 이름으로 성경에 한 번 기록되어 있다(마 8:28). 가다라는 갈릴리 바다에서 동남쪽에 있었던 도시로 데가볼리(Decapolis)에 속했다. 예수님의 기적이 일어난 곳이 '가다라' 라고 되어 있지 않고 '가다라 지방' 으로 되어 있기 때문에 이 도시가 있는 지역에서 기적이 일어났다는 것으로 이해할 수 있다. 이 지역은 거라사인의 지방(막 5:1) 또는 거라사인의 땅(눅 8:26)이라고 부르기도 하였는데 가까이에 거라사가 있었기 때문이다.

거라사는 제라시(Jarash)와 동일시되었는데 가다라에서 남동쪽으로 약 48km 떨어져 있다. 가다라는 갈릴리 바다에서 남동쪽으로 약 9km 떨어져 있으며 그 사이에는 깊은 계곡인 야르묵 강이 있어 가다라에 있던 돼지 떼가 갈릴리 바다에 빠지는 것은 불가능하다. 그러므로 예수님의 기적이 일어난 장소는 갈릴리 바다 옆에 있는 쿠르시(Kursi)로 추정한다. 갈릴리 바다 동쪽에 있는 쿠르시(Kursi 32°49′35.10″N 35°39′00.01″E)는 지리적인 여건과 전승 때문에 기적이 일어난 현장으로 보인다. 쿠르시는 가다라에서 북쪽으로 약 19km 떨어진 갈릴리 바다의 동쪽에 있다. 이곳을 이 기적이 일어난 거라사 인의 땅으로 보는 이유는 갈릴리 바다 옆에 있는 비탈에 위치해 있고, 이 지역에서는 돼지 떼가 사육될 수 있는 이방인의 땅이며, 주후 5세기의 교회와 수도원이 1970년에 발굴되었기 때문이다. 가다라는 쿠르시(Kursi)에서 남쪽으로 약 19km 떨어져 있다.

가다라는 요르단에 있는 움 케이스(Umm Qeis)와 동일시되었다. 가다라(Umm Qeis)는 갈릴리 바다와 야르묵 강과 골란 고원이 보이는 요르단의 해발 378m의 고원 지대에 있는 고대 도시로 1974년에 발굴이 시작되었다. 이 도시는 전략적인 위치에 있기에 수리아와 팔레스틴을 연결하는 중요 도로에 있고 비옥한 토지와 풍부한 강우량으로 인해 번영을 누렸다. 이곳은 동쪽이 완만한 경사지로 되어 있으나 다른 세면은 가파른 경사지이어서 쌓아둔 성벽과 더불어 천혜의 요새였다. 가다라는 주전 7세기부터 사람이 거주하였고 안티오쿠스 3세가 주전 218년에 정복했으나 마카비안의 침입으로 파괴되었다가 셀류키드가 다시 지배한 곳이다. 폼페이는 주전 64년에 가다라를 점령하고 데가볼리에 포함시켰으며 로마는 나바티안들을 약화시킨 공로를 인정해서 헤롯에게 클레오파트라가 차지했던 가다라를 주었다.

가다라는 주전 2세기에 가장 번영을 누렸다. 가다라는 헬라 시대와 로마 시대를 거쳐 비잔틴 시대에는 주교좌까지 있는 번영을 누렸다. 가다라는 12세기부터 움 케이스(Umm Qeis)로 불렸고 아랍 마을이 자리를 잡고 있다. 이곳에는 길이가 약 3.5km가 되는 고대 성벽 흔적이 남아 있고 두 개의 극장이 있는데 잘 보존된 작은 극장은 3,000명을 수용할 수 있는 유적지이다. 이곳의 고고학 유적으로는 페르시아 시대의 주거지, 수로, 로마 시대의 길, 주거지, 수로, 목욕탕, 무덤, 대리석 석관, 모자이크가 있다. 또한 비잔틴 시대의 교회, 주거지, 길, 묘지, 무덤이 있고 우마야드 시대의 신전, 교회, 오토만 시대의 주거지, 탑이 있다.

▲박물관의 로마 시대 주상

▲고린도 양식의 기둥이 있는 바실리카

## 가몬 Kamon (קָמוֹן 높은 곳)

사사 야일의 매장지로 성경에 한 번 기록된 곳이다(삿 10:5). 사사 야일은 야곱의 열두 아들 중 요셉의 첫째 아들 므낫세의 후손이다. 야일이 길르앗 출신이면 그의 가문의 영역에서 매장 되었을 가능성이 있기에 가몬의 추정지는 갈릴리 호수 남동쪽 20km 지점에 위치한 캄 (Qamm)과 쿠메임(Qumeim)일 것이다. 요르단의 길르앗 지역에 있고 가까운 곳에 위치한 두 마을은 벧아벨로 동일시되는 이르비드(Irbid)의 북동쪽에 위치하고 있다.

## 가몬 ⁻¹
### 캄(Qamm)                                                32˚35′14.75″N 35˚43′36.01″E

캄(Qamm)은 해발 339m에 위치한 고원 지대에 있는 마을로 청동기 시대, 헬라 시대, 로마 시대, 비잔틴 시대의 토기 조각이 발견되었다.

▲캄(Qamm)

## 가몬 ⁻²
### 쿠메임(Qumeim)                                          32˚34′14.65″N 35˚44′04.75″E

쿠메임(Qumeim)은 해발 370m에 위치한 현대 마을이다. 이 마을이 가몬으로 추정되는 이유 는 캄(Qamm)과 함께 가몬의 이름이 보존되어 있기 때문이다. 그러나 쿠메임에는 철기 시대의 고고학적인 증거는 나오지 않고 있다.

▲쿠메임(Qumeim) 전경

## 로드발 Lodebar (דְּבַר לֹא 초원이 없는) /로드발/드빌³(갓)

로드발은 갓 지파의 성읍으로 마하나임 부근에 있었던 성읍이다(삼하 9:4,5; 수 13:26). 이명 동지로 로데발(삼하 17:27)로도 성경에 기록되어 있으며 드빌3(갓; 삼하 9:4,5; 수 13:26)과 같은 곳으로 여겨진다. 로드발은 길보아 산에서 패전한 사울 왕가가 길르앗으로 피신했을 때 요나단의 아들인 므비보셋이 피신했던 마을이다. 므비보셋은 로드발의 마길의 집에 머물게 되었다. 암미엘의 아들인 마길은 후에 도망간 다윗의 군대에게도 물자를 공급해준 사람이었다(삼하 17:27). 로드발은 아람에게 빼앗겼다가 여로보암 2세 때 탈환된 것으로 보인다. 아모스서에서는 로드발이 '허무한 것'으로 번역되었는데 공동번역에는 로드발로 기록되어 있다(암 6:13). 로드발의 위치는 확실하지 않으나 길르앗의 북쪽 지역으로 추정된다. 로드발의 추정 지역은 여러 곳이나 그 중에서 키르벳 움 엣 다바르(Khirbet Umm ad-Dabar)와 텔 엘 함메(Tell el-Hemmeh)가 있다.

## 로드발 ⁻¹

텔 무다위르(Tell Mudawwar)                                    32°33′57.24″N 35°36′44.33″E

키르벳 움 엣 다바르(Khirbet Umm ad-Dabar)는 요단 계곡의 동쪽에 위치하고 있으며 가다라(Umm Qeis)에서 남서쪽으로 10km 떨어진 곳에 있다. 아벨(Abel)이나 아하로니(Aharoni) 같은 대부분의 학자들은 키르벳 움 엣 다바르를 로드발로 지지하고 있다. 이곳이 너무 북쪽에 위치하고 있다는 이유로 로드발이 아니라는 반대 주장도 있지만 가장 유력한 곳으로 알려져 있다. 키르벳 움 엣 다바르는 '말씀의 어머니'라는 뜻을 가졌는데 이 마을의 이름이다. 이곳은 키르벳 움 다바르라고 부르지만 현지에서는 텔 무다위르라고 부른다. '두루 살핀다'의 뜻처럼 주위를 살필 수 있는 좋은 위치에 있다. 이곳의 이름이 키르벳 움 엣 다바르와 텔 무다위르로 다르게 되어있어 혼란이 있었으나 답사하여 정리하였다.

텔 무다위르의 정상

이곳에서는 초기 청동기 · 철기 · 헬라 · 초기 로마 · 마물룩 시대의 토기가 발견되었고 시대가 확인되지 않은 촌락의 유적과 성벽의 기초가 있으며 발굴은 이루어지지 않았기에 더 자세한 정보가 없다.

▲텔 무다위르 전경

부느엘과 숙곳으로 추정되는 데이르 알라(Deir Alla)의 북동쪽에 있는 이곳은 해발 195m의 언덕 위에 있으며 얍복 강가에 위치하고 있다. 요르단에서 함메(Hemmeh, Hammeh)라는 이름의 유적지가 여러 곳이다. 메가요르단(MEGA—Jordan)에서는 동쪽의 텔 엘 함메(Tell el-Hemmeh East)로 기록되어 있다. 이곳에서 얍복 강을 따라 상류로 올라가면 부느엘로 추정되는 텔 엣 다합 엘 사르끼에(Tell edh-Dahab el-Shargiyeh)과 마하나임으로 추정되는 텔 엣 다합 가르비예(Tell edh-Dahab el-Gharbiyeh), 텔 에르 레힐(Tell er-Rehil)이 있다. 얍복 강 북쪽 언덕에 있는 이곳에서는 청동기, 철기, 헬라, 로마, 비잔틴 시대까지의 토기 조각과 성벽의 기초와 탑과 용재(Slag)와 용광로가 발견되었다.

▲텔 엘 함메의 전경

▲텔 엘 함메의 유적지

# 돕 Tob (טוֹב 좋은)

사사 입다가 고향을 떠나 살던 성읍으로 입다가 이복형제들을 피해 살던 곳이다(삿 11:3). 요단 강 동쪽에 살던 이스라엘 사람들은 암몬 족속을 물리치기 위하여 입다를 지도자로 세우려고 하였다. 다윗의 조문 사절에게 모욕을 준 암몬 자손이 다윗과 싸울 때 연합군을 모집하였는데 그중에 돕 사람 일만 이천도 암몬에게 고용되었다(삼하 10:6-13).

돕이 투트모세 3세의 정복도시 목록에 있다고 주장하는 학자들도 있다. 돕은 도비야(Tobias) 가문을 언급하는 용어로 이해되기에 도비야 가문의 영토는 유대인들의 거주 경계 바깥에 있었다고 주장되기도 한다.

돕은 '좋은' 이라는 뜻을 가진 단어로 타이베(Taiyibeh)라는 지명 속에 보존되어 있다. 타이베라는 지명은 시리아에도 있고 요르단에도 있다. 대부분의 학자들이 돕으로 주장하고 있는 시리아의 에드레이 남동쪽에 있는 엣 타이베는 요르단의 추정지보다 더 가능성이 높은 곳이다.

타이베(et-Taiyiba)는 해발 380m에 있는 요르단의 현대마을이다. 이 마을의 중심에 있는 주택가에는 시대가 확인되지 않은 고대 거주지의 일부분이 남아있으나 주위에 건물들이 계속 건축되고 있다. 이곳은 에브론(Epron)으로 추정되기도 한다.

# 로글림 Rogelim (רֹגְלִים 직물 육축공의 장소)

키르벳 바르시나(Khirbet Barsina)　　　　　32° 31′ 57.58″N 35° 46′ 19.31″E

　　로글림은 다윗이 압살롬을 피해 마하나임에 이르렀을 때 다윗을 도와 준 바르실래의 고향으로 길르앗에 있는 성읍이다(삼하 17:27-29; 19:31). 아벨(Abel)은 키르벳 바르시나(Khirbet Barsina)가 바실래와 이름이 유사하며 이곳이 길르앗에 위치한 와디 에르 루제일에(Wadi el-Rujeileh)의 남쪽에 있는데 와디의 이름과 로글림(Rogelim)의 이름이 유사한 것을 근거로 키르벳 바르시나(Khirbet Barsina)를 로글림으로 추정했다.

　　키르벳 바르시나(Khirbet Barsina)는 이르비드(Irbid)에서 남서쪽으로 약 9km 정도 떨어져 있다. 텔 바르시나(Tell Barsina)에서 고고학적으로 로마 시대와 오토만 시대 토기가 발견되었고 돌무더기, 물 저장소, 고인돌이 출토되었다. 키르벳 바르시나의 동북쪽에 있는 언덕에는 2006년의 발굴을 통하여 시대가 확인되지 않은 주거지가 발견되었다(32° 32′ 19.77″N 35° 46′ 00.99″E).

▲키르벳 바르시나

▲주거지(2006년 발굴)

# 함 Ham (口ㄱ)

아브라함이 살았던 시대에 그돌라오멜 왕이 동맹군을 조직하여 수스 족속을 멸망시킨 성읍이
었다(창 14:5). 함은 투트모세 3세 (Thut-Mose III)의 정복 도시 목록에 제 118번의 후마(Huma)
라는 이름으로 나온다. 함은 이르비드(Irbid;벧 아벨) 남서쪽 5.5km 떨어진 현대마을 함(Ham)
으로 동일시된 적이 있다. 이 마을의 중앙에 있는 텔 함(Tell Ham)은 너비가 37m이고 길이가
34m의 크기가 되는 조그마한 언덕이다. 이곳에서 고고학적인 증거로 청동기 시대의 토기와 주
거지와 제분소와 무덤과 비석이 나왔고 로마 시대의 착유기와 비잔틴 시대의 토기와 동굴 무덤
이 발굴되었다. 이곳의 유물은 요르단 대학 박물관에 보존되어 있다.

▲텔 함(Tell Ham)

▲고대의 주거지였던 동굴

# 벧아벨 Beth-Abel (בֵּית אַרְבֵאל 하나님이 숨으신 집)

이르비드(Irbid)　　　　　　　　　　　　　32° 33′ 34.21″ N  35° 50′ 50.35″ E

호세아의 예언대로 앗수르 왕 살만(Shalman)에 의해서 파괴된 성읍이다(호 10:14). 벧아벨에 대해서는 성경에 한 번 언급되었을 뿐 다른 기록이 없어 어느 곳으로 보는가에는 문제가 있다. 보통 트랜스요르단의 아르벨라(Arbela)로 보는데 이르비드(Irbid)가 바로 옛 아르벨라(Arbela)이기에 이곳으로 추정된다. 최근에는 벧아벨을 갈릴리 바다 서쪽의 아르벨(Arbel) 언덕에 있는 아르벨 거주지로 추정하기도 한다.

이곳에 오래된 유대교 회당의 유적이 있다. 유세비우스(Eusebius)는 아르벨라(Arbela)가 군사적으로나 경제적으로 중요한 교차로에 있다고 했는데 이르비드가 지리적인 조건에 적합하다. 이르비드의 중심지에는 텔 이르비드(Tell Irbid)가 있다. 텔 이르비드(Tell Irbid)는 해발 578m의 고원에 있으며 200,000㎡의 면적이다. 이곳은 석기 시대의 요새화된 주거지와 후기 철기 시대의 요새화된 주거지로 텔(Tell)을 이루고 있으며 로마 시대와 비잔틴 시대의 성벽의 기초가 있다. 그 밖에 오토만 시대의 마을과 궁궐 유적이 있으며 수로와 저수조가 발견되었다. 이

르비드는 요르단에서 세 번째로 큰 국경 도시이면서 공업 도시이며 교통의 요지에 위치해 있다. 암만에서 북쪽으로 140km 떨어져 있고 이르비드에서 30km를 가면 시리아 국경이 나온다.

▲텔 이르비드

# 길르앗 라못 Gilead Ramoth (רָאמֹת גִּלְעָד 길르앗의 언덕)

모세에 의해서 세워진 도피성으로(민 35:6, 14; 신 4:43; 수 20:8) 레위 지파를 위하여 구별해 놓은 48개의 성읍 중에서 므라리 자손에게 분배된 성읍이다(수 21:38; 대상 6:80).

피난처의 뜻을 가진 도피성(City of refuge)은 우발적으로 살인한 사람들에게 피난처로 제공되는 레위인의 성읍으로 여섯 개의 성읍이 지정되었다(민 35:6,11,13,14,15). 도피성으로 피신한 가해자는 대제사장이 죽기까지 머물러야 했다(민 35:25). 도피성은 요단 강 동쪽의 세 곳과 서쪽의 세 곳이 지정되었다. 요단 강 동쪽의 도피성은 바산 골란, 길르앗 라못, 베셀이며 요단 강 서쪽의 도피성은 갈릴리 게데스, 세겜, 헤브론이었다(수 21:27,32, 36,38; 대상 6:57,67).

솔로몬 때는 지방장관이었던 벤게벨이 이 지역을 관할하였다(왕상 4:13). 이곳은 아람과의 전쟁이 여러 번 있었던 격전지였다. 아합 왕은 이곳을 점령하기 위해 유다 왕 여호사밧과 연합하여 전투하다가 이곳에서 전사하였다(왕상 22장; 대하 18장). 엘리사는 이곳에서 예후에게 기름을 부어 이스라엘의 왕으로 삼았다(왕하 9:1-10, 대하 22:7).

길르앗 라못은 동명이지로 라못3(길르앗; 대상 6:80), 잇사갈 지파의 라못2(잇사갈; 대상 6:73), 남방에 있는 라못1(남방; 삼상 30:27)이 있다. 길르앗 라못은 이명동지로 라마5(길르앗)와 같은 곳이다(왕하 8:29; 대하 22:6). 길르앗 라못으로 추정되는 곳은 야르묵 강 남쪽에서부터 얍복 강 북쪽에 있는 지역이다. 이 지역에 수많은 유적들이 있지만 그 중에서 세 곳을 길르앗 라못으로 추정한다.

이 세 곳 중에서 람싸(Ramtha)와 텔 에르 루메이스(Tell er-Rumeith)는 라못 이라는 이름을 보존하고 있고 텔 엘 후슨(Tall el-Husn)은 이름은 보존하고 있지 않지만 길르앗 라못으로 추정된다.

▲도피성의 위치

# 길르앗 라못[-1]

텔 에르 루메이스(Tell er-Rumeith)

32° 29′ 50.49″N 36° 00′ 48.66″E

람싸(Ramtha)에서 남쪽으로 7km 정도 떨어져 있는 곳에 위치하고 있으며 해발 579m의 높이에 있다. 지금은 폐허가 된 이곳은 길르앗 라못으로 추정하는 곳이다. 이곳은 암만, 다메섹, 이르비드(Irbid), 마프락(Mafraq)을 잇는 고속도로의 연결 지점이 남동쪽 가까이에 있으며 비옥한 평원에 위치하고 있다.

1967년에 있었던 발굴에서는 이곳이 길르앗 라못이라는 확증은 갖지 못하였으나 지리적인 조건, 이름의 유사성, 문헌 자료와 오랫동안 주거지를 이어온 것을 볼 때 길르앗 라못일 가능성이 높다. 이곳에서 철기 시대의 요새와 토기 가마가 발굴되었고 헬라 시대와 로마 시대의 주거지, 비잔틴 시대의 무덤, 이슬람 시대의 묘지가 발굴되었다. 그러나 문제점은 이곳이 규모가 너무 작다는 데 있다. 이곳의 요새는 넓이가 37m이고 길이가 32m 규모이고 북쪽 성벽은 두께가 1.25m에 불과하고 동쪽 성벽도 두께가 1.5m의 두께일 뿐이다.

# 길르앗 라못 -2

텔 엘 후슨(Tell el-Husn)

32°29′26.94″N 35°52′48.00″E

벤 아벨로 추정하는 이르비드(Irbid) 남쪽에 있는 현대 도시 엘 후슨(el-Husn)에서 1km 정도의 거리에 있는 주거지와 매장지의 장소로 거라사 북쪽 22km에 위치하고 있으며 해발 660m에 있다. 이곳을 길르앗 라못으로 보는 이유는 텔 에르 루메이드(Tell er-Rumeith)의 규모가 너무 작기 때문이다. 텔 엘 후슨은 이곳의 위치가 이르비드 남쪽이며 아즐론 북쪽의 평원에 위치하고 있으며 길르앗 지역을 지킬 수 있는 요충지이기에 길르앗 라못으로 추정한다.

이곳은 데가볼리 중 하나인 디온으로 추정되는 곳이기도 하다. 이곳에서 초기·중기·후기 청동기에서부터 철기, 헬라, 로마, 비잔틴, 우마야드, 이슬람 시대까지의 유적이 발견되었고 이곳에서는 토기 조각, 청동기 시대의 동굴, 동굴 무덤이 발견되었다. 또한 철기 시대의 마을 유적이 있으며 로마 시대의 대리석 석관과 주상이 발굴되었다. 지금은 이 지역의 공동묘지로 되어 있다.

▲텔 후슨 전경

텔 후슨 정상의 묘지▶

## 길르앗 라못<sup>-3</sup>

알-람싸(ar-Ramtha)                    32° 33′ 55.90″N 36° 00′ 59.40″E

고대에서나 현대에서나 람싸는 시리아의 데라(Dera)와 이르비드(Irbid)를 연결하는 동서 도
로와 다메섹, 암만을 연결하는 남북도로가 교차하는 중요한 위치에 있으며 지금은 시리아 국경
에 있는 중요한 도시이다. 시리아의 데라는 성경의 에드레이(신 1:4)로, 이르비드는 성경의 벤
아벨로 동일시하는 곳이다. 이곳은 라못의 이름을 보존하며 중요한 위치에 있는 지리적인 이유
와 철기 시대의 유물이 현대 도시의 동쪽에서 발견되었다는 고고학적인 증거가 있기에 길르앗
라못으로 추정되는 곳이다. 이곳에서는 철기, 로마, 비잔틴 시대의 토기가 발견되었고 시대가
확인되지 않은 거주지와 무덤과 수로가 발견되었다. 도시의 중심지에는 두 곳의 로마 시대 묘
지가 발견되었다. 이곳의 주민들이 텔(Tell)이라고 부르는 곳은 건물이 밀집되어 유적은 오래
전에 건물들의 땅 속에 있다. 이 지역에는 '모스크, 상가, 버스 터미널이 자리잡고 있어 유적지
의 흔적조차 찾을 수 없다.

▲알-람싸 마을에 있는 모스크

▲유적지 위에 있는 버스터미널

　성경에 기록이 되지 않아 그 이유가 궁금할 정도로 중요한 도시가 바로 펠라(Pella)이다. 펠라는 키르벳 파흘(Khirbet Fahl) 또는 타바카트 파흘(Tabaqat Fahl)로 부른다. 펠라는 교통이 매우 편리한 지역에 위치한 데가볼리에 속한 도시였다. 갈릴리 바다 남쪽 30km 지점에 있고 벧산에서 동쪽으로 11km 떨어져 있으며 요단 계곡 길에 근접해 있다. 펠라는 요단 계곡 중에서 인간이 살기가 좋은 최적의 조건을 갖춘 곳이다. 요단 계곡의 완만한 경사지에 위치해 있으며 다른 지역과 달리 겨울에 서리가 내리지 않으며 여름에는 시원한 지역이라는 좋은 기후 조건을 가졌다. 이곳에는 연간 강수량이 350mm 정도 되는 곳으로 물이 풍부한 지역이다.

　펠라(Pella)는 고대 이집트의 문서에도 등장할 정도의 중요한 도시였다. 아마르나 문서에 펠라의 통치자의 이름이 기록되어 있고 투트모세 3세의 도시 목록 33번과 세티 1세의 도시 목록 49번에 기록되어 있다. 펠라는 로마 시대에 발전하여 데가볼리의 구성원이 되었기에 로마 시대의 유적지가 많이 발견되었다. 비잔틴 시대에는 이곳에 주교가 머물기도 하는 중요한 도시였으나 747년 지진으로 파괴되었고 역사에서 잊혀진 도시가 되었다.

　이 도시가 중요한 이유는 지금까지 알려진 문헌이나 고고학적인 증거로 보아 제1차 유대인 반란이 일어나기 직전 예루살렘 교회의 기독교인들이 펠라로 도피하였다고 알려진다(참고 마 24:16). 1852년 로빈슨(E. Robinson)이 이곳을 고대 펠라로 확정하였으며 1957년부터 발굴이 시작되었다. 펠라(Pella)에서는 구석기 시대와 신석기 시대의 토기와 신석기 시대로부터 청동

기 시대와 철기 시대로부터 마믈룩(Mamluk) 시대까지의 거주지와 요새의 유적이 발굴되었고 청동기 시대부터 로마 시대까지의 텔(Tell)이 형성되었다. 이곳에서는 철기 시대의 무덤, 로마 시대의 무덤, 모자이크, 신전, 극장이 발굴되었고 비잔틴 시대의 교회와 모자이크가 발굴되었다.

▲비잔틴 시대의 바실리카(Basilca)

아합 왕 때 엘리야 선지자가 이세벨을 피해 한때 숨었던 시내로 가뭄으로 물이 다 마를 때까지 이곳에 머물렀다. 하나님은 엘리야에게 그릿에 숨으라고 하면서 이 기간 동안 까마귀를 통해 먹을 것을 공급해주셨다(왕상 17:2-7). 그릿 시내의 위치는 요단 강 동쪽에 있으며 엘리야가 길르앗 야베스 사람이었던 것으로 보아 그릿은 길르앗의 여러 강 중 하나였을 것으로 여겨진다. 당시에는 여러 개의 동굴을 가진 와디가 많았는데 그 중에 하나였을 것이다. 와디 엘 야비스(Wadi el-Yabis)를 그릿 시내로 추정하는 이유는 엘리야의 고향인 디셉에서 가깝고 엘리야의 활동 지역이었던 길르앗 지방이기 때문이다. 그릿 시내의 하류 지역에는 길르앗 야베스로 추정되는 텔 아부 엘 카라즈(Tell Abu el-Kharaz)와 텔 엘 메끄베레(Tell el-Meqbereh)가 있고 상류에는 아벨므홀라와 길르앗 야베스로 추정되는 텔 엘 마클룹(Tell el-Maqlub)이 있다.

▲아벨므홀라 옆의 그릿 시내의 상류

▲65번 도로 옆의 그릿 시내의 하류

## 길르앗 야베스 Jabesh Gilead (יָבֵשׁ גִּלְעָד, 길르앗의 건조한 땅)

### /야베스 /야베스 길르앗

이곳은 요단 강 동쪽에 있는 이스라엘의 성읍이다. 길르앗 야베스(삼상 11:1; 대상 10:11)라고도 하나 야베스 길르앗(삿 21:8, 9,10,12,14), 야베스(삼상11:1,3,5)라고도 번역되었다.

길르앗 야베스는 베냐민 지파의 문제를 다루었던 미스바 회의에 참여하기를 거절하였다가 보복으로 이스라엘 다른 지파들에 의해 멸망을 당했다(삿 21:8). 후에 이곳의 젊은 처녀들이 살아남아 베냐민 지파의 아내들이 되면서 베냐민 지파의 멸종을 막을 수 있었다.

후에 사울이 당시 길르앗 야베스를 점령하고 있던 암몬 족속을 물리침으로 사울 자신의 왕권을 입증해보였던 곳이다. 사울에게 이러한 은혜를 입은 길르앗 야베스 거민들은 사울이 길보아 전투에서 죽은 후에 벧산 성벽에서 사울의 시체를 구해내어 그의 시체를 불사르고 그 뼈를 야베스의 에셀 나무 아래에 장사지냈다(삼상 31:12-13; 대상10:11,12). 야베스 거민들의 용맹스러운 행동을 알게 된 다윗은 야베스 거민에게 보상을 약속했고 다윗은 사울과 그의 아들들의 뼈들을 베냐민 땅으로 가져와 사울의 아버지 기스의 묘에 장사했다.

길르앗 산지에 속하는 야베스 길르앗은 정복 시대에 므낫세 지파에게 분배된 도시로 요단 강으로 유입되고 있는 그릿 시내(Wadi Yabis) 근처에 위치하고 있다. 야베스는 건조가 잘되는 땅이라는 뜻이 있다. 길르앗 야베스로 추정되는 곳은 텔 아부 엘 카라즈(Tell Abu el-Kharaz), 서쪽으로 300m 떨어져 있는 텔 엘 메끄베레(Tell el-Meqbereh), 그릿 시내(와디 야비스) 상류에 있는 텔 엘 마클룹(Tell el-Maqlub)이다. 전기·후기 철기 시대의 고고학 유물이 출토된 텔 엘 마클룹은 아벨므홀라로 추정되는 중요한 곳이다.

▲길르앗 산지의 밭 가는 농부

# 길르앗 야베스 [-1]

텔 아브 엘 카라즈(Tell Abu el-Kharaz)　　　　　32°23′57.25″N 35°35′42.16″E

80,500㎡의 넓이의 규모로 해서 116m의 높이에 있는 유적이다. 이곳은 요단 계곡 중앙에 있는 청동기, 철기 시대의 유적 중 가장 중요한 장소 중 하나이다. 이곳은 석동기와 청동기까지의 토기, 주거지, 무덤, 사원이 발견되었고 철기 시대의 요새, 저수조가 있었다. 이후 페르시아 시대부터 로마 시대, 비잔틴 시대, 이슬람 시대까지의 유적들이 발굴된 중요한 텔이다. 이곳에서 출토된 유물들을 보면, 먼 곳과도 교역하여 번성한 사회를 이루었음을 알 수 있다. 1989년 피셔(P.M. Fischer)에 의해 발굴이 이루어졌고, 2005년까지 열 차례의 발굴이 있었다. 전기 · 후기 철기 시대의 유물이 출토된 텔 엘 마클룹(Tell el-Maqlub)은 유세비우스(Eusebius)의 영향으로 많은 학자가 길르앗 야베스로 추정하기도 하지만 아벨므홀라로 추정하기도 한다.

▲남쪽에서 본 텔 카라즈

▲북쪽에서 본 텔 카라즈

# 길르앗 야베스 [-2]

텔 엘 메끄베레(Tell el-Meqbereh)

텔 아브 엘 카라즈에서 서쪽으로 300m 떨어진 곳으로 텔 아브 엘 카라즈와 같은 곳으로 착각하기 쉬운 곳이다. 이곳은 유적지가 7,000㎡ 정도의 크기이기에 텔 아브 엘 카라즈 보다 더 작고 높이는 해저 190m이기에 더 낮은 곳에 있다. 이곳에는 거주지의 유적도 발견되었다. 이곳은 낮은 지역에 있기에 요단 강의 물을 끌어들인 수로 가까이에 있는 농경지가 되었다. 텔 가운데에는 물을 임시로 저장하기 위한 웅덩이가 설치되었기에 텔로 보기 어려울 정도로 손상되어 있다.

▲동쪽에서 바라본 텔 엘 메끄베레

텔 엘 마끌룹(Tell el-Maqlub)　　　32°24′09.03″N 35°40′54.66″E

솔로몬 시대의 다섯 번째 행정구역으로 엘리야의 후계자인 엘리사의 고향이다(왕상 4:12; 19:16). '춤추는 초원'이라는 이름의 뜻과 연결하여 아벨므홀라가 농업 지역이었을 것이라고 추정되는 근거가 된다. 300명의 정예 군사로 구성된 기드온 군대가 도망가는 미디안 군대를 추적하다가 중지한 지역이다(삿 7:22). 아벨므홀라의 정확한 위치를 추정되는 것은 매우 어렵다. 이곳의 위치를 추정하는 학자들은 요단 강의 동쪽으로 추정할 때에는 텔 엘 마끌룹(Tell el-Maqlub)으로 추정하며 서쪽으로 추정할 때에는 텔 아부 수스(Tell Abu Sus　32°22′27.62″N 35°33′40.47″E)로 추정한다. 텔 아브 수스는 요단 강 서쪽에 있기에 이스라엘에 있다. 텔 아브 수스는 이스라엘과 요르단의 국경선의 비무장 지대에 있다.

텔 엘 마끌룹(Tell el-Maqlub)은 그릿 시내의 추정지인 와디 엘 야비스(Wadi el-Yabis)를 굽어볼 수 있는 중요한 곳에 위치하고 있으며 엘리야의 고향인 디셉 부근에 있다. 이곳은 해발 363m에 위치한 50000㎡ 크기의 텔로 고대의 건물과 초기 청동기부터 후기 철기 시대까지의 5개의 지층이 군사기지 건설로 드러났다. 지표조사에 의하여 석동기, 청동기, 초기·후기 철기, 헬라, 비잔틴 시대의 토기가 발견되었고 요새화된 거주지와 저수조와 성벽도 발견되었다. 이곳은 길르앗 야베스로 추정되기도 하는 중요한 장소이다. 이곳의 남쪽으로 지나가는 와디 엘 야비스(Wadi el-Yadis)에서 방앗간을 비롯한 많은 유적이 있다.

▲아벨므홀라 전경

그릿 시내와 아벨므홀라▶

◀텔 엘 마끌룹

◀요단 계곡에 있는 텔 아부 수스
(이스라엘)

엘리야의 고향으로 추정되는 곳으로 길르앗에 있는 성읍이다(왕상 17:1). 엘리야가 디셉 사람이라는 기록이 성경에 여섯 번 나온다. 디셉은 와디 엘 야비스(Wadi el-Yabis)의 지류에 위치하고 있으며 고도 802m의 언덕 위에 있는 키르벳 리스팁(Khirbet Listib)과 동일시되고 있다. 그 이유는 디셉과 이름이 비슷하며 500m 옆에 마르 엘리야스(Mar Ilyas)가 있으며 엘리야가 와디 야비스 지역에서 활동했기 때문이라는 가설에 근거하고 있다. 길르앗 사람이라고 불리던 엘리야가 활동한 지역임이 분명하다.

엘리야의 활동 대부분이 와디 엘 야비스 부근에서 이루어졌다. 그런데 키르벳 리스팁에서는 로마 시대 이전의 고고학적인 근거를 찾을 수 없다는 문제가 있다. 이곳에서는 로마 시대의 토기와 동굴 무덤이 발견되었고 비잔틴 시대와 마믈룩 시대까지의 토기와 오토만 시대의 마을 유적, 이슬람 시대의 모스크 유적이 있다.

▲마르 엘리야스에서 본 키르벳 리스팁

키르벳 리스팁의 유적▶

# 마르 엘리야스(Mar Ilyas)

마르 엘리야스(Mar Ilyas)                      32°21′44.19″N  35°43′20.45″E)

　마르 엘리야스(Mar Ilyas)는 '엘리야 산'으로 부르는 곳으로 비잔틴 시대의 교회 유적이 남아 있다. 이곳은 로마 천주교에서 요르단의 5대 성지로 지정한 곳이다. 이 산의 정상에는 유적지가 남아 있는데 지금도 발굴 작업이 계속되고 있다. 비잔틴 시대의 교회 바닥에는 여러 가지 형태의 모자이크가 잘 보존되어 있고 그 부근의 모든 장소가 잘 볼 수 있는 전망대의 역할을 하고 있다. 해발 900m의 이 산에서 북서쪽으로 보이는 언덕이 디셉으로 추정되는 키르벳 리스팁(Kh. Listib)이다.

　이곳에서는 로마 시대의 토기와 비잔틴 시대의 토기, 수도원과 모자이크가 발굴되었고 우마야드(Umayyad) 시대의 토기도 발견되었다. 이곳의 정상에는 동서남북의 방향으로 만들어진 강대상이 있고 올리브 기름을 짜던 도구나 포도즙 틀과 저수조를 볼 수 있다.

비잔틴 시대의 교회 유적▶

▲마르 엘리야스의 유적

# 거라사 Gerasa (Γερασηνός)

귀신들린 사람을 고쳐준 예수님의 기적이 일어난 거라사인의 지방(막 5:1) 또는 거라사인의 땅(눅 8:26,37)이라는 지역의 이름으로 성경에 기록되어 있다. 이를 통해 이 도시가 있는 지역에서 기적이 일어났다는 것으로 이해할 수 있다. 이 지역을 거라사인(Gerasenes)의 지방이라고 부르는 것은 가까이에 '거라사'라고 부르는 도시가 있기 때문이다. 거라사는 제라시(Jarash)와 동일시되었는데 제라시는 가다라에서 남동쪽으로 약 48km 떨어져 있다.

거라사는 갈릴리 바다에서 남동쪽으로 약 64km 떨어져 있고 깊은 계곡인 야르묵 강이 있기에 가다라에 있던 돼지 떼가 갈릴리 바다에 빠지는 것은 불가능한 일이다. 그러므로 예수님의 기적이 일어난 장소는 갈릴리 바다 옆에 있는 쿠르시(Kursi)로 추정된다. 이는 쿠르시가 갈릴리 바다 옆에 있는 비탈에 위치하고 있고, 이 지역은 돼지를 사육하는 이방인의 땅이며, 1970년에는 주후 5세기의 교회와 수도원이 발굴되었기 때문이다.

가다라는 갈릴리 바다의 남동쪽으로 약 9km 지점에 있는 움 케이스(Umm Qeis)로 추정된 거라사는 갈릴리 바다 남동쪽으로 약 64km 지점에 있는 제라쉬(Jarash)로 추정된다. 이 두 도시는 모두 데가볼리에 해당되는 중요한 유적이다. 거라사(Jarash)는 요단 강에서 동쪽으로 32km 지점이며 랍바(암만)에서 북쪽으로 45km 지점에 있고 얍복 강에서 북쪽으로 8km에 있다. 요르단에 있는 이 도시는 해발 580m 고지의 3,000,000㎡에 이르는 방대한 유적지이다. 거라사를 '제라쉬'라는 아랍식 이름으로 부르는데 제라쉬에서 중기 청동기 시대의 고고학적인 유물이 나타나는 것을 볼 때 철기 시대 이전부터 사람이 거주했던 촌락이었을 것이다. 이 도시는 주전 3세기에 이집트 왕조에게 점령되었고, 그 후 주전 63년에 폼페이우스의 로마군에 의해 점령당했다가 데가볼리 중의 하나가 되었다.

이곳은 로마 시대에는 교역의 중심지가 되었으며 129년에 하드리안(Hardrianus) 황제가 이곳을 방문했기에 개선문까지 세워졌다. 로마 시대는 물론 비잔틴 시대에도 번영을 누렸으며 발굴된 교회수가 열 개가 넘을 정도로 기독교의 중심지가 되었다. 주후 635년 이슬람에게 정복당하고 주후 746년 대지진에 의해서 폐허가 되었다. 1806년 독일의 세젠(Seezen)이 이곳을 제라쉬의 유적으로 확인한 뒤에 유명해졌다. 1978년에 오토만 제국은 사람들이 살도록 허락했다. 1925년부터 발굴 작업이 10여 년 동안 계속되어 중동 지방에서 바알벡과 팔마라(다드몰)과 함께 규모가 웅장하고 화려한 도시로 알려지게 되었다. 이곳에서 발견된 고고학적인 유물은 청동기 시대부터 철기 시대의 주거 흔적과 철기 시대부터 비잔틴 시대와 마믈룩 시대로부터 오토만 시대까지의 주거지가 있다. 로마 시대 도시의 유적으로 신전, 댐, 목욕탕, 극장, 모자이크, 광장, 길, 다리, 무덤이 있고 비잔틴 시대의 교회, 모자이크, 길, 무덤이 있다.

▲하드리안 황제의 문

▲회합 장소로 사용한 포름(Forum)

열주로▶

# 사본 Zaphon (צָפוֹן 북쪽)

이스라엘 백성들이 헤스본 왕 시혼에게서 빼앗은 곳이다. 사본은 갓 지파가 차지한 성읍으로 벧니므라와 숙곳 부근에 위치했던 성읍이다(수 13:27). 사사 입다가 암몬 자손을 공격할 때 자신들을 부르지 않았다고 싸움을 걸어온 에브라임 자손들과 전투하여 승리한 곳은 사본이 있는 지역이었다(삿 12:1-6). 사본은 일반적으로 텔 에스 사이디예(Tell es-Saidiyya)로 보고 있으나 텔 엘 코스(Tell el-Qos)로 보는 학자도 있다.

## 사본 -1

텔 에스 사이디예(Tell es-Saidiyya)        32° 16′ 03.26″ N  35° 34′ 37.63″ E

와디 쿠프렌제(Wadi Kufrinjeh) 하류 지역의 언덕 위에 있는 곳이다. 요단 강에서 서쪽으로 1.8km 떨어진 곳에 있으며 해발 232m의 높이로 주위보다 40m 정도의 높은 곳이다. 이곳은 중요한 유적이기에 글룩(Glueck) 이후로 많은 고고학자들이 최근까지 발굴을 계속한 곳이다. 이곳에서 석동기의 토기로부터 청동기 시대의 마을, 창고, 무덤, 후기 철기 시대의 요새, 거주지, 신전, 창고, 무덤을 비롯하여 페르시아, 로마, 비잔틴, 우마야드 시대의 주거지가 발굴되었다.

▲텔 정상

◀수로

# 사본 [-2]
## 텔 엘 코스(Tell el-Qos)

32°14′44.41″N 35°37′26.57″E

텔 데일 알라(Tell Deir Alla) 북쪽 5km 지점에 있는 와디 라집(Wadi Rajib) 북쪽 면에 위치하고 있다. 텔 엘 코스는 해저 195m 높이의 언덕 위에 위치한 유적이다. 글룩(Glueck)은 텔 엘 코스를 사본으로 추정한다. 탈무드 전승과 요세푸스는 사본이 텔 아마타(Tell Ammata)에서 약 500m 떨어져 있다고 했다. 이곳에서 석동기부터 청동기, 전기 · 후기 철기, 마믈룩 시대와 근대까지의 토기들이 발견되었다.

▲텔 엘 코스의 전경

## 얍복 강 Jabbok (נחל יַבֹּק 퍼부어지다)
### 와디 에즈 자르카(Wadi ez-Zarqa)

하란에서 고향으로 돌아오는 야곱이 에서를 만나기 전 천사와 씨름한 후에 이스라엘이라는 명칭을 얻은 브니엘이 있는 곳이다(창 32:23-30). 야곱의 가족들이 건넌 지점은 얍복 나루라고 기록되었다(창 32:22). 얍복 나루(the ford of Jabbok)는 건널 수 있는 여울을 뜻하며 브니엘 부근으로 추정된다. 이곳은 가나안에 정착한 이스라엘 민족 중 요단 강 동편을 정복한 두 지파 반이 머무르던 길르앗 지역의 중앙에 위치한 곳이다(신 3:16).

이스라엘 백성은 아르논 골짜기에서 얍복 강에 이르는 영토를 아모리 왕 시혼과의 전쟁에서 빼앗았다(민 21:24; 수 12:2; 삿 11:13,22). 이스라엘 백성은 자신들과 암몬 자손의 경계선을 얍복 강으로 보았다(수 12:2).

얍복 강은 와디 에즈 자르카(Wadi ez-Zarqa)는 요단 계곡의 중요한 네 개의 와디(Wadi) 중의 하나이다. 얍복 강은 성경과 관련된 중요한 곳들을 지나는 강이다. 랍바(암만), 마하나임, 로드발-2, 브누엘, 사르단, 아담을 지나 요단 강과 연결되며 이 강의 길이는 100km에 이른다.

▲35번 도로가 지나가는 얍복 강

◀마하나임으로 가는 길에 있는 얍복 강

## 숙곳 [1] 갓 Succoth (סֻכּוֹת 우릿간, 장막)

야곱이 밧단 아람에서 돌아온 후에 가축들을 위하여 요단 강 동쪽에 우릿간을 만든 곳이다 (창 33:17). 기드온이 미디안족을 추적하다가 숙곳 사람들에게 음식 제공을 요청하였으나 거절 당하자 승리 후 귀환하다가 가혹하게 처벌한 곳이다(삿 8:5-9, 14-16). 숙곳은 솔로몬의 성전에 사용될 놋그릇이 제조된 곳이다(왕상 7:46; 대하 4:17). 숙곳은 숙곳1(갓)과 이스라엘 민족이 출애굽 했을 때의 출발지였던 숙곳2(애굽)과 동명이지이다(출 12: 37; 민 33:5).

숙곳은 이집트의 카르낙(Karnak)에 있는 시삭(Shishak) 왕의 석비(Stele)에서 언급된 숙곳 골짜기의 여섯 성읍 중의 하나이다. 숙곳으로 추정되는 곳 중에서 가장 설득력 있는 장소는 텔 엘 키싸스(Tell el-Khesas)와 텔 데이르 알라(Tell Deir Alla)이다. 이 두 장소는 '우릿간'의 뜻을 가진 이름을 보존하고 있기에 숙곳으로 추정된다(텔 데이르 알라는 브니엘로 추정되는 곳이기에 브니엘-1을 보라).

▲텔 엘 케사스

텔 엘 케사스(Tell el-Khesas)는 데이르 알라에서 서쪽으로 2km 떨어져 있고 요단 강 동쪽으로 3km 떨어진 곳에 있는 해저 262m의 텔이다. 이곳은 텔 엘 키싸스(Tall al-Khisas)라고 기록되기도 하는데 아랍어를 표기할 때에의 차이일 뿐이다. 이곳은 텔 에르 라베(Tall er-Rabee)라고 부르기도 하는 곳이다. 이곳은 아랍으로 '우리' 라는 뜻을 가졌으며 중기·후기 청동기 시대의 토기 조각이 나왔기에 고고학적 근거가 있는 곳이다. 이곳은 부느엘, 마하나임과 같은 지역에 있고 얍복 강과 가까운 지역에 있기 때문에 숙곳의 지리적인 조건과 일치하고 있다. 이곳은 텔 데이르 알라(Tell Deir Alla)보다는 얍복 강에서 조금 더 떨어져 있으나 요단 강에서는 가까이 있기 때문에 숙곳 추정지로 더 설득력이 있다.

1960년대에 데이르 알라를 발굴한 프란켄(Franken)과 아벨(Abel) 등의 고고학자들이 이곳을 숙곳으로 지지한다. 물론 텔의 규모가 작고 정착한 시기가 짧았기에 숙곳이 아니라는 지적도 있다. 텔 엘 키사스는 중요한 유적지로 인정을 받기 전에 세워진 텔 위의 건물과 큰 안테나의 철거 문제로 고고학 관계자들을 곤혹스럽게 하고 있으나, 이 안테나 때문에 텔 데이르 알라에서 서쪽으로 2km를 가면 이곳을 쉽게 찾을 수 있다.

**숙곳 골짜기**(the vally of Succoth)는 숙곳이 있는 요단 계곡이다. 성경에 두 번 기록되었으며 세겜과 길르앗과 가까운 지역이기에 같이 언급된 곳이다(시 60:6; 108:7).

▼텔 엘 케사스 정상

# 브니엘 Peniel (פְּנוּאֵל 하나님의 얼굴) /브누엘/부느엘

야곱이 천사와 씨름하고 이스라엘이 된 얍복 강가에 있었던 성읍이다. 야곱이 천사와 씨름하고 난 뒤에 하나님의 얼굴을 보았으나 자신의 생명이 보존되었음을 알고 이곳에 '하나님의 얼굴'이라는 이름을 붙였다(창 32:30). 성경에 브니엘(Penuel)은 이명동지로 브누엘(삿 8:8,9; 8:17) 또는 부느엘(왕상 12:25)이라는 지명으로 나온다.

브니엘(브누엘)은 교통로에 있었던 중요한 성읍으로 망대까지 있는 성읍이었다. 기드온이 군대를 인솔하여 미디안 왕인 세바와 살문나를 추격할 때에 음식을 요청하였으나 브니엘(브누엘) 사람들이 음식 주기를 거부하였기에 기브온이 승전한 후에 보복한 곳이다(삿 8:8-17). 북이스라엘 왕 여로보암은 이곳이 중요한 지역이기에 성읍을 건설하였다.

브니엘로 추정되는 장소는 텔 데이르 알라(Tell Deir Alla)와 텔 엣 다합 엘 사르끼예(Tell edh-Dahab el-Shargiyeh)이다.

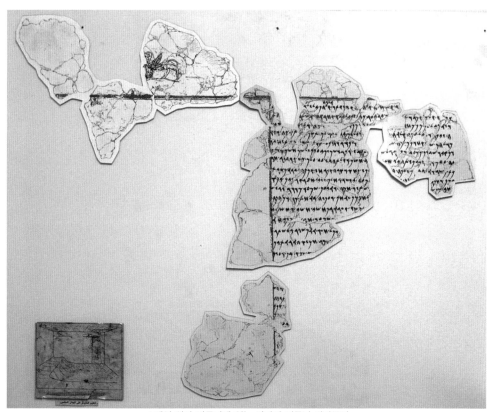

▲데일 알라 박물관에 있는 발람이 기록된 발람문서

## 브니엘 ⁻¹
텔 데이르 알라(Tell Deir Alla)                    32° 11′ 47.63″N 35° 37 15.22″E

　'높은 수도원의 언덕' 이라는 뜻을 가진 해저 202m 높이에 있는 중요한 고고학 장소로 고고
학자들은 이곳을 숙곳이나 브니엘로 추정한다. 이곳은 얍복 강에서 북쪽으로 약 3.2km 떨어진
지점에 있다. 이곳이 숙곳이나 브니엘로 추정되는 이유는 지리적인 이유 때문이다. 이곳은 넓
이가 40,000㎡가 되는 큰 유적지이다. 이곳에서 석동기 시대의 토기와 후기 청동기 시대의 서
판과 성소가 발굴되었다. 이 지역에서 만들어지지 않은 토기들도 발굴되었다. 후기 철기 시대
의 토기, 주거지, 제련소의 흔적이 있었고 후기 철기 시대의 주거지 흔적과 브올의 아들 발람이
라고 적힌 석회로 발라진 중요한 벽이 발견되었다. 1967년 이곳에서 발견된 것을 발람 문서
(The Balaam Text)라고 부른다. 발람 문서는 암만 박물관에 전시되어 있다.

　이곳에 이 지역에서 발굴된 유물을 전시하는 조그마한 박물관이 있고 발굴 작업을 위한 숙소
도 있다. 텔 데이르 알라(Tell Deir Alla)는 요단 계곡의 상업 중심지인 데이르 알라 마을에 있는
이곳은 사해와 야르묵 강의 중간 지점에 있는데 사해에서 북쪽으로 50km 떨어진 지역이다. 텔
데이르 알라 맞은편의 건물이 이 지역을 관할하는 문화재관리청의 사무소이다.

◀데이르 알라 정상

데이르 알라의 전경▶

# 브니엘 -2

## 텔 엣 다합 엣 사르끼에(Tulul ed-Dahab el-Sharqiyeh)　　32° 11′ 11.45″ N　35° 41′ 30.18″ E

　　매우 긴 이름을 가진 이 텔은 '황금의 언덕' (edh-Dahab)이라는 뜻과 '동쪽' (Sharqiyeh)이라는 뜻을 가지고 있다. 이 텔은 서쪽 편에 마하나임으로 추정되는 텟 에드 다합 가르비예와 쌍둥이 텔이기에 구분하기 위하여 동쪽(Sharqiyeh)과 서쪽(Garbiyyeh)이라고 붙여졌다. 어떤 학자들은 이 두 개의 텔을 마하나임으로 보기도 하나 동쪽 텔은 브니엘로 추정한다.

　　이곳은 삼면이 급경사로 이루어진 얍복 강 하류까지 감시할 수 있는 좋은 위치에 있는 천연적인 요새의 조건을 갖추고 있다. 텔의 제일 높은 곳에서 고고학적인 유적이 발굴되었다. 이곳에서 석기, 청동기, 후기 철기, 로마, 비잔틴 시대의 토기가 발견되었다. 이곳에서 발견된 특이한 유적은 성벽보다는 다리를 놓은 흔적으로 보이는 석축인데 맞은편에서는 다른 석축을 발견하지 못했다. 이곳을 브니엘로 추정하고 얍복 강 건너편이 마하나임이라고 추정한다면 이곳은 야곱의 행적을 한 눈에 볼 수 있는 장소가 된다.

◀사르끼에 정상의 유적

얍복 강 다리의 흔적이
보이는 유적▶

# 마하나임 Mahanaim (מַחֲנָיִם 진영, 하나님의 군대)

야곱이 하나님의 사자를 만난 곳으로, 야곱이 에서를 만나기 전 하나님의 사자를 만난 후에 붙인 지명이다(창 32:2). 야곱은 에서를 만나기 전에 마하나임에서 하룻밤을 보냈다.

그날 밤 야곱은 얍복 강가에서 하나님의 사자와 밤새도록 씨름을 하여 이스라엘이라는 새 이름을 얻었다. 마하나임은 갓 지파에 분배된 지역 안에 있었으나 실제적으로는 레위 지파 므라리 자손에게 주어진 곳이다(수 21:38). 사울 왕이 죽은 후 아브넬이 사울의 아들 이스보셋을 왕으로 세운 곳이다(삼하 2:8,12). 다윗 왕은 압살롬의 난을 당했을 때 마하나임으로 피했다(삼하 17:24).

이 도시는 역사 속에서 여러 차례 이스라엘의 임시 수도가 있던 곳이다. 그곳에 머물렀던 다윗은 압살롬의 죽음을 전해 듣고 대성 통곡을 한다. 솔로몬 왕 때 마하나임은 왕궁에서 필요한 물자를 충당하는 행정구역의 중심지가 되었다(왕상 4:14). 마하나임의 정확한 장소는 확정되지 않았으나 고고학자들이 마하나임으로 추정하는 곳은 네 곳이다.

마하나임 추정 장소가 많으나 그중에서 텔 엣 다합 가르비예(Tell edh Dahab el-Gharbiyeh), 텔 에르 레힐(Tell er-Rehil), 키르벳 메흐나(Kh. Mehna), 텔 하자즈(Tell Hajjaj)가 있다. 텔 하자즈(Tell Hajjaj)는 얍복 강에서 남쪽으로 4km 떨어진 지점에 있는 해발 500m의 언덕 위에 있으며, 신석기, 석동기, 철기, 헬라, 로마, 비잔틴, 마믈룩 시대까지의 토기가 발견되었다.

▲바못의 농부

# 마하나임 ⁻¹

텔 엣 다합 엘 가르비예 (Tell edh-Dahab el-Gharbiyya)    32°11′09.73″N 35°41′11.85″E

이곳은 브니엘로 추정되는 텔 엣 다합 엣 사르끼예(Tell edh-Dahab ash-Shargiyya)의 서쪽에 있는 텔이다. 가르비예는 '서쪽'의 뜻이고 다합은 '황금의 언덕'이란 뜻이다. 이곳에 있는 두 개의 텔이 모두 마나하임으로 추정되기도 한다.

이곳은 얍복 강가에 있고 길르앗 지역의 가장 남쪽 지역에 위치하고 있는 곳이다. 이곳에서는 석기 시대부터 초기 청동기, 후기 철기, 헬라, 로마, 비잔틴 시대까지의 토기 조각이 발견되었다. 특히 후기 철기 시대의 토기는 특별한 형태의 토기였기에 이 기간에 이곳에 사람들이 거주하였던 것이 알려졌다.

▲텔 가르비예 전경

▼텔 가르비예와 얍복 강

# 마하나임 -2
키르벳 메흐나(Khirbet Mehna)　　　　32°21′52.50″N 35°44′48.08″E

　이 고장에서 유일하게 마하나임의 고대 이름의 흔적이 있는 곳이다. 이곳은 펠라에서 아즐론까지 로마 도로가 연결된 곳이며 얍복 강에서 23km 북쪽에 위치하고 있다. 키르벳 메흐나(Khirbet Mehna)는 경사지에 위치한 해발 850m에 40,000㎡ 정도의 크기인 유적지이다. 이곳에서는 고고학적으로 비잔틴, 아랍, 오토만, 현대 시대의 토기가 발견되었다. 마하나임을 이곳으로 추정할 때의 문제점은 비잔틴 시대 이전의 유물을 발견할 수 없다는 것이다. 이곳은 디셉(Listib), 마르 엘리야스(Mar Ilyas), 아벨므홀라(Tell Maqlub)와 가까운 지역에 위치하고 있다.

# 마하나임 -3
텔 에르 레힐( Tell er-Rehil)　　　32°11′18.02″N 35°48′28.08″E

　텔 에르 레힐은 요단 계곡에서 동쪽으로 20km 떨어진 얍복 강의 상류 쪽에 위치하고 있다. 이곳은 얍복 강이 흐르면서 큰 굴곡을 이루고 있다. 발리(Baly)같은 학자가 이곳을 마하나임으로 추정하기도 하지만 다른 지역보다는 설득력이 떨어지는 장소이다. 이곳은 얍복 강변에 있는 560㎡의 유적지로 해발 200m의 언덕 위에 있으며 초기 청동기 시대와 철기 시대의 토기가 발견되었다. 이곳은 킹 탈랄 댐의 동쪽에 있는 언덕이며 보안지역이어서 답사가 불가능한 지역이다.

## 사르단 Zarethan (צָרְתָן 그들의 비탄) /스레라/스레다² (요단)

성전에 사용할 성물을 만들었던 이곳은 이스라엘 민족이 요단 강을 건널 때 물이 멈춘 아담의 부근에 있었던 곳이다(수 3:16). 솔로몬 시대의 행정구역에 포함되어 있었으며(왕상 4:12) 히람이 솔로몬 성전에 쓸 청동 기구를 만든 곳이다(왕상 7:46). 사르단은 스레라와 이명동지로 스레라는 기드온의 삼백 용사의 습격으로 미디안 군대가 도망한 벧 싯다가 있는 곳으로 요단 강 동쪽에 있었다(삿 7:22). 솔로몬이 성전에 사용할 기구를 만든 곳으로 성경에 한 번 기록된 지명인 스레다2(요단)와 사르단은 이명동지이다(대하 4:17; 왕상 7:46). 사르단은 요단 계곡에 있었으며 아담과 숙곳 가까이에 있었기 때문에 텔 에스 사이디예(Tell es-Saidiyya)와 텔 움 하마드(Tell Umm Hamad)로 추정된다. 텔 엣 사이디예(Tell es-Saidiyya)는 사본으로도 추정되는 곳이다. (사본⁻¹을 보라)

텔 움 하마드(Tell Umm Hamad)는 동쪽 텔이라고 부르는 움 하마드 엘 사르끼에(Tell Umm Hamad el-Sharqi)와 서쪽 텔이라고 부르는 텔 움 하마드 엘 가르비예(Tell Umm Hamad el-Gharbi)으로 부르는 두 곳의 유적이 있다.

# 사르단 −1

텔 움 하마드 엘 가르비(Tell Umm Hamad el-Gharbi)　32°08´21.70˝N 35°34´37.32˝E

요단 강가에 있는 이 텔은 동쪽(Gharbi)에 있는 텔이라는 뜻이다. 이곳은 해저 287m에 있다. 이곳에서는 신석기의 토기와 성벽의 기초, 초기 청동기 시대의 토기와 주거지로 보이는 성벽의 기초, 중기 청동기 시대의 토기가 발견되었다. 이곳은 글룩(Glueck)이 1945년과 1951년에 답사하여 기록을 남긴 곳이다. 이 텔에 대한 자료는 확인하지 못했으나 현지 사람들에 의하면 북쪽 지역은 농경지로 사용하기 위하여 개발하여 훼손되었다고 한다. 남쪽 지역에는 파괴되지 않은 언덕이 남아 있으며 이곳에는 토기 조각들이 보인다.

이곳에서 텔 움 하마드 엘 사르끼(Tell Umm Hamad el-Sharqi)는 북동쪽으로 약 2km 떨어진 곳이며 아담으로 동일시된 텔 다미예(Tell Damieh)는 남서쪽으로 약 4.8km 떨어져 있다. 요단 강은 이곳에서 서쪽으로 약 1.9km 떨어져 있다.

## 사르단<sup>-2</sup>

텔 움 하마드 사르끼(Tell Umm Hamad el-Sharqi)          32° 09′ 06.30″ N  35° 35′ 37.75″ E

이곳은 동쪽(Sharqi)에 있는 텔이라는 뜻을 가진 20000㎡ 크기의 언덕이다. 이곳은 요단 강과 합류되는 얍복 강가의 북쪽에 있는 언덕이다. 이곳에서 석동기 시대부터 청동기, 철기, 로마, 비잔틴 시대의 토기가 발견 되었으며 후기 철기 시대의 요새화된 거주지가 있었고 오토만 시대의 묘지가 있었다. 이곳에서 최근에는 이곳은 농경지가 되어 파괴된 곳으로 보인다. 이곳에서 텔 움 하마드 엘 가르비(Tell Umm Hamad el-Gharbi)는 남서쪽으로 약 2km 떨어진 곳이며 아담으로 동일시된 텔 다미예(Tell Damieh)는 남서쪽으로 약 7km 떨어져 있다.

JADIS나 MEGA-Jordan의 좌표도 착오나 오차가 있는 경우도 있기에 이 지역을 자세히 답사했으나 이 지역에서는 다른 유적을 발견하지 못했다. 오랫동안 이 지역에 거주하는 현지의 주민들도 다른 텔을 보지 못했다고 한다. JADIS의 자료에 이 장소가 훼손되었다는 기록이 첨부되어 있다(Other disturbances include plowing and reuse of stones from the site).

# 아담 Adam (□기차 인간, 인류)
텔 다미예(Tell Damiyeh)                                    32°06′14.40″N 35°32′48.94″E

요단 강이 멈추는 기적 때 요단 강을 흐르던 물이 쌓이기 시작한 아담(Adam)은 이스라엘 백성이 요단 강을 도하하던 지점 부근에 있었던 성읍이다(수 3:16). 이곳은 텔 다미예(Tell Damiyeh)와 동일시되는 곳이다. 이곳은 숙곳과 사르단 가까이 있던 성읍이다. 이곳은 카르낙 신전에 있는 시삭 왕의 정복 도시 목록에 아담이라고 기록되어 있는 도시이다. 아담은 사해에서 북쪽으로 40km 지점에 있고 길갈 부근에 있는 여리고에서 30km 북쪽에 있다.

사르단으로 추정되는 텔 움 하마드(Tell Umm Hamad)에서 남쪽으로 5km 떨어져 있고 요단 강 가까이 있다. 아담에서 전기 · 후기 철기, 페르시아, 초기 로마, 후기 비잔틴, 이슬람 시대의 토기가 발견되었다. 이곳은 이스라엘과 요르단 국경 가까이에 있는 통제구역이므로 갈 수 없는 곳으로 요단 강과 팔레스틴 지구를 연결하는 다미예 다리 가까이 있다.

▲요단 계곡과 텔 다미에

▲텔 다미에 전경

밧단아람에서 몰래 도망 온 야곱이 자신을 쫓아온 라반과 언약을 세운 곳이다(창 31:49). 야곱이 라반과 언약을 세울 때 언약의 증거로 세운 돌무더기를 여갈 사하두다(JegarSahadutha)와 갈르엣(Galeed)으로 불렀다. 라반은 아람어 방언으로 여갈사하두다라고 불렀고 야곱은 히브리 방언으로 갈르엣이라고 불렀다. 길르앗 미스베라고 부르는 이곳은 미스바라고 불렸기에 미스바2(길르앗)와 이명동지이다. 길르앗 미스베는 사사 입다가 암몬 군대를 공격하기 위해 출전한 곳이며(삿 11:29), 승전한 입다가 서원 때문에 딸을 희생시킨 슬픈 사건이 있었던 곳이다(삿 10:17; 11:11, 34). 미스베(Mizpeh)를 미스바(Mizpah)로 부르기도 하는데 성경에는 동명이지의 미스베와 미스바가 나와 있어 내용을 파악하기 힘든 지명이다. 그런데 미스바와 미스베라는 다른 지명으로 기록되어 있어 혼란을 주는 곳이다. 개역한글판에서 길르앗 미스베라고 하였으나 개역개정판에서 길르앗의 미스베로 고쳤기에 미스베3(길르앗)로 부르기도 하는 곳이다(삿 11:29).

미스바는 미스바1(베냐민 삼상 7:5), 미스바2(길르앗), 미스바3(히위 수 11:3), 미스바4(살룬 느 3:15), 미스바5(에셀 느 3:19)이 있다.

미스베는 미스바1(베냐민)과 이명동지인 미스바1(길르앗)이 있고 미스베2(유다 수 15:38)와 미스베3(길르앗 삿 11:20)와 미스베4(모압 삼상 22:3)이 있다.

길르앗 미스베(미스바)를 추정하는 것은 매우 어려운 일이지만 많은 학자들은 거라사(Gerash) 북서쪽에 있는 키르벳 잘아드(Kh. Jelad)로 보고 있다.

키르벳 잘아드는 해발 630m의 산기슭에 자리 잡고 있다. 이곳에서는 로마 시대의 거주지, 종교시설, 포도주틀, 목욕탕, 묘지가 발굴되었고 비잔틴 시대의 무덤과 신전, 석관, 모자이크가 발굴되었다. 또한 이슬람 시대의 이슬람 사원과 마믈룩 시대의 마을과 저장소, 오토만 시대의 모스크가 발견되었으며 지금도 사람이 살고 있는 마을이다.

　　모세가 정탐을 보내어 빼앗은 아모리의 땅이었다. 야셀은 이스라엘 민족이 빼앗은 아모리 왕의 성읍으로 갓 지파에게 할당되었다가 레위 지파의 므라리 자손에게 주어졌다(민 21:32; 32:1,34-35; 수 21:39). 야셀은 암몬과의 경계 지역에 있는 중요한 장소로 다윗 시대에는 헤브론 자손들이 주둔한 곳이다(대상 26:31). 아합이 죽은 후에 메사(Mesha)가 이 지역을 점령했으며 이사야와 예레미야의 예언에도 언급된 성읍이다. 야셀은 과일, 포도나무, 목장으로 유명했던 곳이다(사 16:8- 9; 렘 48:32).

　　야셀에 대한 추정지역은 일곱 곳에 이를 정도로 많으나 일반적으로 살트(as-Salt)의 남쪽 4km 지점에 있는 키르벳 엘 자지르(Khirbet el-Jazzir)로 추정한다. 이곳은 성경시대의 이름을 그대로 보존하고 있는 아인 야셀(Ayn Jazer)이 가까이에 있다. 해발 792m에 있는 키르벳 자지르(Khirbet Jazzir)에서 전기 · 후기 철기 시대의 토기가 발견되었다. 이곳은 발굴이 되지 않은 곳이나 전망이 좋은 위치에 있다. 모압 평지에서 살트(as-Salt)로 올라가는 도로 옆에 있는 취수장 부근에는 로마 시대의 무덤들과 비잔틴 시대의 시장터(32°00′36.45″N 35°43′59.19″E)가 있다.

▲비잔틴 시대의 시장터

▲키르벳 엘 자지르

텔 샤프트(Tell Safut)                    32°01′57.34″N  35°50′14.17″E

므낫세 지파의 노바가 빼앗은 성읍인 그낫은 바산 지역에 있는 성읍이었으나 노바가 성읍에
자기의 이름을 붙였다(민 32:42). 기드온이 삼백 명의 용사를 이끌고 미디안의 군대를 추격했
던 곳이다(삿 8:11). 그낫은 투트모세 3세의 목록과 아마르나 서신에도 기록된 오래된 성읍이
었다. 노바는 갓 지파의 성읍인 욕브하와 함께 기록되어 있어(민 32:35,42; 삿 8:11), 두 성읍은
대상들의 도로에 있는 지역에 대한 다른 이름이거나 성읍들인 것으로 추정된다. 성경에는 동명
이지로 두 곳의 노바가 있는데 노바1(므낫세)와 노바2(모압)가 있다. 그낫은 므낫세의 영토이
기에 길르앗 북쪽에 있다고 볼 수도 있으나 사사기의 기록과 연결시키면 암만 북쪽에 있었을
것으로도 추정된다. 사사기의 기록에 의지하여 노바의 위치를 추정하는 학자들은 암만 북쪽의
욕브하 부근에 있는 오래된 주거지인 텔 샤프트를 노바로 주장한다.

그라이(Gray)는 그낫이 므낫세 지파의 영토이기에 데가볼리 중 하나인 카나다(Kanatha)로
알려진 카나와트(Qanawat)와 동일시하였다. 이곳은 바산의 동쪽에 위치하고 있으며 하우란
(Hauran) 산의 서쪽 기슭에 있으며 해발 약 1,200m 정도 되는 고원에 있다.

텔 샤프트는 암만에서 북서쪽의 샤프트 마을에 있는 해발 927m의 언덕이며 유적의 규모는
17,730㎡에 이른다. 이곳에서 청동기 시대의 토기 조각, 주거지, 신전, 주상이 발굴되었고, 철기
시대의 거주지와 유물이 발굴되었다. 또한 헬라 시대의 저수조와 비잔틴 시대의 마을, 교회, 무
덤이 발굴되기도 했다. 메릴
(S. Merrill)이 1868년에 이곳
에 대해 언급했고, 이후 몇
번 조사했으며 1982년부터
윔머(D. Wimmer)가 이끄는
국제 팀이 10차례에 걸쳐 발
굴했다.

▲텔 샤프트 정상의 유적

텔 샤프트 전경▶

# 욕브하 Jogbehah (יָגְבְּהָה 작은 산)

알 쥬베이하(al-Jubeiha)                    32° 00′ 48.82″N 35° 51′ 20.84″E

　요단 동편에 정착한 갓 지파에게 주어진 성읍으로서 아모리 왕 시혼의 땅이 있었던 곳이다 (민 32:35). 사사 시대에 삼백 명의 기드온 용사들이 미디안 군대를 친 곳의 근처에 있었던 성읍이다(삿 8:11). 욕브하는 알 쥬베이하(al-Jubeiha)로 추정된다.

　이곳이 욕브하로 추정되는 이유는 히브리어의 욕브하가 아랍의 지명인 알 쥬베이하(al-Jubeiha)에 보존되어 있으며 이 지역에 전기 · 후기 철기 시대의 고고학적인 유적들이 있기 때문이다. 이곳은 해발 1,050m가 되는 고지의 작은 언덕이기에 욕브하가 히브리어로 작은 산이라는 뜻과도 일치하는 곳이다. 이곳에서 비잔틴 시대의 교회와 모자이크가 발굴되었고 이슬람 시대의 유적이 이곳에 있다. 알 쥬베이하는 큰 도시 암만의 외각 지역에 위치하고 있는데, 요르단 대학의 북쪽 지역에 위치하고 있으며 수웨일레 (Suwaylih)의 남동쪽에 위치하고 있다. 이곳은 군부대 안에 있는 높은 언덕이다.

◀알 쥬베이하

# 브도님 Betonim (בְּטֹנִים 비자(榧子))
## 키르벳 바트네(Kh. Batnah)

32° 00′ 37.91″N  35° 42′ 38.56″E

이스라엘 민족이 가나안을 정복한 후에 갓 지파에게 분배한 땅의 목록 중에 들어 있는 성읍으로 성경에 한 번 기록된 곳이다(수 13:26). 브도님은 야셀 지역에서 요단 강 동쪽의 경계선에 있었던 곳으로 라맛 미스베와 마하나임 부근에 있었다.

브도님은 키르벳 바트네(Kh. Batnah)로 추정되는데 그 이유는 히브리어의 브도님(Betonim)이라는 지명이 이 장소의 명칭으로 보존되어 있기 때문이다. 이곳에서 철기 시대의 토기가 발견되었다. 대부분의 학자들은 이곳 브도님으로 추정했다. 키르벳 바트네(Kh. Batnah)는 살트(As-Salt)의 남서쪽 5km 지점에 위치하고 있는 해발 901m의 고지에 있는 바트나(Batna)라는 마을에 있으나 토기만 발견된 곳이기에 뚜렷한 유적은 찾을 수 없다.

우리아가 전사한 암몬의 수도로 성경에 랍바(신3:11; 수 13:25; 렘 49:2; 겔 21:20) 또는 암몬 자손의 왕성 랍바(삼하 12:26), 물들의 성읍 랍바(삼하 12:27) 라고 기록된 곳이다. 이곳은 암몬 자손의 수도였으며 지금은 요르단의 수도인 암만이다.

랍바 라는 말은 '크다' 는 뜻인데 성의 크기를 의미한다. 이곳에 얍복 강의 근원을 이루는 풍부한 샘물이 많다. 그런 이유로 물들의 성읍이라는 별칭을 붙이기도 했다. 이곳은 개역한글판에서 '물들의 성' 이라고 번역됐으나 개역개정판에서 '물들의 성읍' 이라고 번역되었다. 모세는 암몬 자손의 땅 절반 곧 랍바 앞의 아로엘까지를 갓 자손에게 분배했다(수 13:24-28). 개역한글판에 있는 지명인 라빠는 개역개정판에서 랍바로 번역되었기에 랍바는 동명이지로서 유다 지파의 성읍인 랍바1(유다 수 15:60)와 랍바2(암만)이 있다.

이곳은 암몬 족속과 이스라엘의 전쟁이 자주 일어났던 곳이다. 이러한 전쟁을 이용하여 다윗은 밧세바의 남편인 우리아를 죽게 했다(삼하 11장). 랍바는 압살롬의 반역으로 마하나임으로 피난 온 다윗을 도와 준 암몬 족속의 사람들 중에 하나인 소비는 랍바 사람이었다(삼하 17:27). 랍바는 당시의 남북을 잇는 국제도로였던 왕의 대로(왕의 큰길)가 지나가는 길목의 도시로 북쪽의 다메섹에서 남쪽의 아라비아 등지로 연결되는 교통의 중심지이다. 랍바 암몬은 암만의 중심지에 있는 암만 성채(Amman Citadel 또는 Jabal al-Qalash)와 동일시되었다. 랍바는 해발 839m의 언덕 위에 있는 면적이 200,000㎡에 이르는 유적지이다. 이곳에서는 청동기 시대의 유물, 바위 무덤과 다른 형태의 무덤이 발굴되었고 전기·후기 철기 시대의 토기, 유물, 신전이 발굴되었다. 헬라 시대의 토기, 성벽, 나바티안 시대의 토기, 로마 시대의 거주지, 신전도 발굴되었다. 비잔틴 시대의 거주지, 교회와 아랍 시대의 거주지, 궁궐, 물 저수조와 마믈룩 시대의 토기와 오토만 시대의 마을이 발굴되었다. 1992년 이후 랍바 암몬에서 성채를 복구하는 일이 주로 이루어졌다. 암만에는 암만 성채(Citadel)와 로마가 필라델피아라고 부르며 이 도시를 지배할 때 건설한 6,000명 정도의 인원을 수용할 수 있는 극장과 500명 정도의 인원을 수용할 수 있는 작은 극장(Odeon)이 있다.

로마 극장 앞에는 로마 시대의 아크로폴리스(Acropolis)가 있는데 이곳에서는 청동기 시대의 무덤, 신전이 발굴되었다. 암만에서 물을 공급하는 우물에 세워진 님프 신전(Nymphaeum)이 발굴되어 복원 중이다. 암만은 주전 3세기에 이집트의 프톨레미 2세의 통치를 받으면서 필라델피아라는 이름의 도시가 되었다. 필라델피아는 데가볼리의 일원이 되었고 로마 시대의 중요한 도시가 되어 큰 도시로 확장되었으며 이때의 유적이 많이 남아 있다. 비잔틴 시대에는 주교좌가 되었으며 아랍 시대에는 이곳에 성을 쌓았다. 그러나 쇠퇴해져서 조그마한 마을이 되었다가 1922년 트랜스요르단의 수도가 되었다. 1950년 이후부터는 요르단 왕국의 수도이면서 요르단 최대의 도시가 되었다.

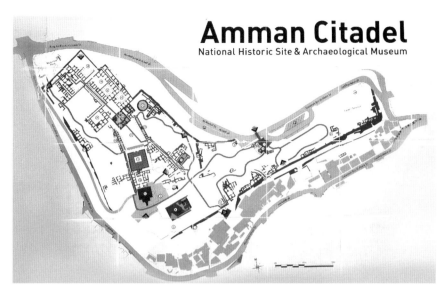

# Amman Citadel

National Historic Site & Archaeological Museum

▲암만 성채에 있는 헤라클래스(Hercules)의 신전의 폐허

▲로마 시대의 극장

## 아로엘[3] 암몬 Aroer (עֲרוֹעֵר 버림받은, 벗은)

### 키르벳 엘 베이다(Khirbet el-Beider)
31°59′53.72″N 35°55′57.33″E

갓 지파의 영토의 경계선에 있었던 길르앗의 성읍으로 랍바 부근에 있어 암몬과 이스라엘의 경계가 되었다(민 32:34; 수 13:25; 삿 11:33; 삼하 24:5; 사 17:2). 아로엘은 랍바 부근에 있었기에 랍바 앞에 있다고 기록되었다(수 13:25). 아로엘은 사사 입다가 정복한 암몬의 이십 성읍 중의 대표로 기록된 중요한 성읍이었다(삿 11:33). 아로엘은 다윗이 인구 조사를 할 때에 기록된 성읍으로 갓 골짜기 가운데 성읍 아로엘이라고 기록되어 있다( 삼하 24:5). 아로엘은 이사야가 다메섹의 멸망을 예언할 때에 같이 언급된 성읍이었다(사 17:2). 갓 골짜기는 야셀이 있는 와디 슈에이브로 추정되며 와디 슈에이브는 니므림 물의 추정지이기도 하다. 이 기록에 보면 아로엘은 야셀과 갓 골짜기 가까이에 있었다. 아로엘의 추정지는 확실하지 않아서 여러 곳의 추정지가 있다. 아로엘의 추정지의 하나인 키르벳 엣 스메사니(Khirbet as-Smesani)는 높은 곳에 있으며 큰 성벽이 있고 철기 시대의 토기가 발견되었다. 또 다른 추정지인 엣 스웨이위나(as-Sweiwina)는 초기 철기 시대의 성읍이었다. 그밖에 다른 추정지도 있으나 고고학적인 지지를 받지 못하고 있다.

키르벳 엘 베이다(Khirbet el-Beider)는 고고학적인 지지를 받는 아로엘의 추정지이다. 이곳은 암만 시내의 중심지에 있으며 랍바로 동일시하는 암만 성채에서 북쪽으로 5km떨어진 곳에 있으며 해발 900m의 지역이다. 이곳에서는 초기 청동기, 후기 청동기, 철기, 페르시아, 초기 로

마 시대의 토기 조각이 발견되었고 성벽의 기초도 발견되었다. 이곳은 고고학조사를 통하여 후기청동기, 철기, 초기 로마 시대의 거주지이기에 아로엘로 추정하기도 한다. 건물이 밀집한 지역에 자리 잡고 있는 이곳에는 베드윈 한 가족이 머무르고 있다.

# 니므라 Nimrah (נִמְרָה 맑은 물) /벧 니므라

갓 지파와 르우벤 지파가 요단 강을 건너지 않고 정착하기를 원했던 곳이다. 갓 지파가 견고하게 건축한 벧 니므라(민 32:36; 수 13:27)와 이명동지로 모세가 갓 지파에게 분배한 지역에 있는 성읍으로 요단 골짜기에 있었다(민 32:3). 이곳은 헤스본 왕 시혼의 땅이었는데 갓 지파의 영토가 되었다. 니므라는 모압 평지에 있어 이스라엘 백성이 요단 강을 건너기 전에 머물렀던 곳이다.

니므라로 추정되는 곳은 와디 슈에이브(Wadi Shueib) 남쪽에 있는 텔 니므린(Tell Nimrin)과 와디 슈에이브 북쪽에 있으며 텔 니므린에서 약 1.5km 떨어진 텔 빌레이빌(Tell Bleibel)이다. 텔 니므린(Tell Nimrin)은 텔 빌레이빌보다 니므라로 추정하기에 더 적합한 조건을 가지고 있다.

# 니므라 ⁻¹

텔 니므린(Tell Nimrin)                    31˚54′02.91″N 35˚37′29.12″E

텔 니므린은 니므라라는 히브리어 이름을 가지고 있으며 고고학적으로 지지를 받을 수 있는 유적이다. 텔 니므린에서는 청동기 시대의 토기와 성벽과 후기 철기 시대의 성벽 기초가 발견되었다. 전기 철기 시대, 페르시아 시대의 요새화된 주거지가 있었다. 헬라, 로마, 초기 비잔틴 시대의 토기, 후기 비잔틴 시대의 마을과 교회, 모자이크가 발견되었고 이슬람 시대의 마을, 교회, 수로 등이 발견되었다.

▲와디 니므린과 텔 니므린

# 니므라 [-2]

텔 빌레이빌(Tell Bleibel)                  31˚54′32.83″N 35˚38′19.54″E

이곳은 텔 니므린의 동쪽에 있는 댐의 상류에 있는 텔이다. 와디 슈에이브에 있으며 가까이에 군부대가 있어 답사를 제한하는 곳이다. 이곳은 답사를 제한하기 전에 2011년에 답사한 곳이다. 이곳은 좌표가 잘못 기록되어 예전부터 찾지 못하고 고생하다가 최근에 정확한 자료로 찾은 곳이다. 필자가 2011년에도 이곳으로 보았으나 기록된 좌표가 틀려서 텔 빌레이빌이 아니라고 생각했지만 답사하여 사진을 남긴 곳이다.

텔 빌레이빌에서 청동기 시대, 후기 철기 시대, 페르시아 시대, 헬라 시대의 토기가 발견되었다. 이곳은 4400㎡의 유적으로 해발 100m의 위치에 있다.

▲와디 슈베이브와 텔 빌레이빌

▲텔 빌레이빌 정상

## 니므림 물 the waters of Nimurim (מֵי נִמְרִים  맑은 물)

이사야와 예레미야의 예언에서 모압이 저주받아 물이 말랐다고 했던 곳이다(사 15:6; 렘 48:34). 니므림 물의 추정 장소는 와디 엔 누메이라(Wadi Numeira)와 와디 슈에이브(Wadi Shueib)이다.

## 니므림 물⁻¹

와디 슈에이브 (Wadi Shueib)

와디 니므린(Wadi Nimrin)으로도 부르는 이곳은 이스라엘 백성이 진을 쳤던 모압 평지로 연결되며 흐르는 강으로 상류지역에 브도님(Kh. Batnah)과 야셀(Kh. Jazzir)이 있다. 이곳은 사해에서 북쪽으로 약 12.8km 떨어진 곳에 있다. 최근에 텔 니므린 위쪽에 조그마한 댐이 건설되었다.

와디 슈에이브에서 슈에이브는 모세의 장인 이드로라는 뜻인데 살트(Salt) 방향으로 올라가다 보면 오른편에 이드로의 무덤이라는 모스크가 있다. 이 모스크 안에는 고대 무덤을 이드로의 무덤이라고 믿고 최근에 만든 이드로의 무덤이라는 가묘가 있다. 갓 골짜기는 지리적인 설명으로 보면 와디 슈와이브로 추정할 수 있는 곳이다.

▲이드로의 무덤

와디 니므림▶

# 니므림 물<sup>-2</sup>

와디 누메이라 (Wadi Numeira)

사해 남단에서 약 13.6km 떨어져 있으며 고모라로 추정되는 텔 누메이라(Tell Numeira) 옆을 흘러서 사해 바다로 흘러간다. 이 지역은 오래전에 농사를 짓던 흔적이 있는데 와디 누메이라가 니므림 물이라면 소돔과 이 부근의 성읍들이 멸망하기 전에 농업용수를 공급해 주던 시내 중 하나일 것으로 추정된다.

▲와디 누메이라

▲와디 누메이라와 텔 누메이라(오른 쪽의 언덕)

## 갓 골짜기 Valley of Gad (נַחַל הַגָּד 갓의 골짜기)
와디 슈에이브( Wadi Shueib)

다윗이 요압과 군대 사령관들을 요단 강 동편으로 보내 인구조사를 시작한 골짜기로 성경에 한 번 기록된 곳이다(삼하 24:5). 갓 골짜기에 있었던 아로엘은 암몬에 있는 아로엘'(암몬)이다 (민 32:34; 수 13:25; 삿11:33; 삼하 24:5; 사 17:2). 아로엘의 오른쪽에는 야셀이 있는데 야셀은 얍복 강 남쪽에 있는 키르벳 엘 자지르(Khirbet el-Jazzir)와 동일시된다.

갓 골짜기를 아로엘과 야셀의 위치와 연결하면 길르앗 지방의 남쪽에 있는 성경의 랍바가 있는 암몬 지역에 있던 것으로 추정된다. 갓 골짜기는 지리적인 설명으로 보면 와디 슈에이브(Wadi Shueib)로 추정할 수 있다. 슈에이브는 모세의 장인이었던 이드로를 가리킨다. 와디 슈와이브에는 이드로의 무덤이라는 모스크가 있다. 이 모스크 안에는 고대 무덤을 이드로의 무덤이라고 믿고 최근에 만든 이드로의 무덤이라는 가묘가 있다. 갓 골짜기로 추정되는 와디 슈와이브는 니므림 물로 추정되기도 하는 중요한 장소이다.

▲와디 슈에이브

이드로의 무덤▶

# 라맛 미스베 Ramath Mizpah (רָמַת הַמִּצְפֶּה 망대 언덕)

이라크 엘 아미르(Iraq el-Amir)                                31°54′46.15″N 35°45′06.67″E

예루살렘으로 가는 계곡 길에 있는 갓 지파의 성읍으로 성경에 한 번 기록된 곳으로 헤스본과 브도님 부근에 있었다(수 13:26). 라맛 미스베로 추정되는 여러 장소 중 하나가 이라크 엘 아미르(Iraq el-Amir)인데, 이곳은 지리학적으로 만족할 만한 위치에 있다. 이곳은 여리고와 암만의 중간 지점에 있는데 여리고에서 동쪽으로 약 29km, 암만에서 서쪽으로 약 17km 떨어져 있으며 해발 426m에 있다.

이곳은 메소보다미아 지역과 예루살렘을 이어주던 길이 있던 와디 엣 시르(Wadi es-Sir)의 서쪽 지역 높은 언덕에 자리 잡고 있다. 바벨론 포로 생활을 마치고 예루살렘으로 귀환하던 사람들이 이곳을 지나갔을 것이라고 추정한다. 이곳은 고고학적으로도 만족할 만한 유적이 있다. 이 지역에서는 초기 청동기 시대의 유적도 있으며 전기 철기 시대의 주거지 유적도 있다. 이곳에 인공 동굴 유적이 남아 있는데 두 개의 동굴 입구에는 도비야(느 2:10,19)의 이름이 동굴 외벽에 새겨져 있다. 이곳에서 제일 위쪽에 있는 가장 큰 동굴에는 바위 의자들이 만들어져 있다. 도비야는 호론 사람 산발랏과 함께 예루살렘 성벽의 재건을 위해 일하는 느헤미야를 반대하던 암몬 사람이다(느 2:10,19; 4:3,7; 6:1,12,14,17-19; 13:4,5,7,8). 도비야가 암몬 사람이었다고 기록된 것은 암몬 지역에 살았던 것을 확인해준다.

도비야는 느헤미야가 예루살렘에 없는 동안에는 예루살렘 성전의 방에 머무를 수 있는 허락을 받았다(느 13:4-9). 도비야는 유다의 귀족의 딸과 결혼했고 그의 아들도 유다인과 결혼한 것을 보면 유다인으로 보여 진다. 도비야는 주전 3세기에 유대의 대제사장직을 차지하려고 오니아스(Onias) 가문과 경쟁한 도비야 가문의 조상으로 추정한다. 요세푸스는 주전 2세기부터 도비야 가문이 소유한 넓은 영지가 있다고 한다. 주전 2세기에 이집트 관리인 제논의 파피루스 서신에는 암몬 지역에 도비야의 변형인 도비아스라는 세리이면서 부자인 지주에 대한 기록이 남아 있다.

이곳의 대표적인 유적으로는 까스르 엘 압두(Qasr el-Adb: 노예의 성)가 있다. 이 유적은 BC 2세기에 세워진 건물로 362년 지진으로 파괴되었으나 프랑스 고고학자들의 노력으로 현재의 형태로 복원되었다. 이 건물은 헬레니즘 시대의 시리아 신전 형태로 유일하게 남아 있는 것이다. 이 건물은 요세푸스의 글에도 기록되어 있다.

▲카스르 엘 압두

▲도비야의 이름이 새겨진 바위

▲카스르 엘 압두에 새겨진 사자상

▲동굴 속의바위 의자

# 아벨 그라밈 Abel Keramim (אָבֵל כְּרָמִים 포도원의 초원)

암몬 자손을 공격하여 큰 승리를 거둔 사사 입다가 마지막으로 도착한 암몬 자손의 지역으로 성경에 한 번 기록된 곳이다(삿 11:33).

유세비우스(Eusebius)는 암몬(빌라델피아)에서 로마 마일로 7마일(9-11km) 떨어진 아벨라(Abela)라고 기록했지만 이 지역에서 이런 이름을 가진 장소는 찾을 수 없었다. 아벨 그라밈을 예전에는 나우르(Naur)나 키르벳 에스 수크(Khirbat as-Suq)로 보았으나 고고학적인 지지를 받지 못하고 있다. 최근에는 아벨 그라밈을 텔 엘 움메리(Tell el-Umeri)나 텔 사하브(Tell Sahab)로 추정되고 있다.

아벨그라밈으로 추정되는 이 두 곳은 모두 포도가 잘 자라는 지역에 위치하고 있으며 고고학적인 유적이 발굴되었다.

▲나우르의 전경

# 아벨 그라밈 [1]

## 텔 엘 움메리(Tell el-Umeiri)

31°52′06.52″N 35°53′17.98″E

암만 남쪽 약 10km 지점에 있으며 지금도 발굴이 계속되고 있는 중요한 유적지이다. 안드레 대학교(Andrews University)가 이 지역을 포함하여 메드바 평야를 발굴하는 계획을 추진 중이다. 이곳은 암만과 메드바 사이에 있는 유일한 수원지이므로 아벨 그라밈을 포도원 지역으로만 보지 않고 물이 풍부하고 농작물이 잘 자라는 지역으로 본다면 아벨 그라밈으로 추정할 수 있는 유력한 근거가 된다.

텔 엘 움메리는 250m 떨어진 세 개의 텔들로 이루어져 있다. 이 세 개의 텔은 와디, 암만, 국제공항 사이를 지나는 도로 때문에 분리되어 있다. 이중에서 서쪽에 있는 텔이 가장 크고 높은 위치에 있기에 텔 엘 움메리로 불린다. 이 텔은 해발 920m에 있으며 와디(Wadi)보다는 60m 높이에 있고 유적지의 크기가 64,000㎡에 이른다. 이곳에서 석동기 시대의 토기로부터 청동기 시대의 주거지, 창고와 철기 시대의 무덤, 마을, 요새, 수로가 발굴되었다. 특별히 성경의 내용과 연결되는 후기 철기 시대의 마을, 요새, 수로가 발굴되었다. 페르시아 시대의 경작지, 헬라 시대의 토기, 로마 시대의 길, 성벽, 목욕탕이 발굴되었고 비잔틴 시대의 농장, 수로와 십자군 시대부터 근대의 것으로 추정되는 토기와 무덤이 발굴되었다.

◀서쪽에 있는
텔 엘 움메리

와디 옆에 있는▶
텔 엘 움메리

　　비옥한 평야 지대에 있기에 포도원의 뜻이 담긴 아벨 그라밈의 어원이 연결될 수 있는 지역
이며 성경의 기록과 연결된 시대의 고고학적인 증거도 있는 장소이다. 사하브는 암만 남동쪽으
로 약 12km 지점에 있는 해발 875m의 평원에 있는 현대 마을이다. 현대 마을 사하브는 고대
유적지 위에 세워져 있어 고대 주거지가 많이 파괴되었다.

　　이곳에서 신석기 시대의 동굴이 발견되었고 석동기 시대와 초기 청동기 시대의 토기, 마을,
저장소가 발굴되었고 후기 청동기 시대의 마을, 무덤이 발굴되었다. 후기 철기 시대의 마을, 창
고, 무덤, 요새 형태의 주거지, 다른 형태의 무덤이 발굴되었고 오토만 시대와 근대의 마을이
이곳에 있었다. 텔 사하브는 이 지역에 사하브로 부르는 유적이 너무 많아 아벨그라밈을 어느
유적을 연결시키는가에 대한 문제는 결론이 나지 않았다. 이 책에 기록된 좌표는 이 지역의 유
적 중의 하나이다.

# 요단 강 Jordan River (יַרְדֵּן, Ἰορδάνης 내려오는 강)

　　헤르몬 산 기슭에서 발원하여 갈릴리 바다를 지나 염해(사해)까지 흐르는 요단 강은 서쪽에 있는 가나안 땅과 요단 동쪽 지역으로 구분하는 자연적인 경계선이며 지금은 이스라엘과 요르단의 국경선이다. 요단 강은 요단 지구대라고 불리는 요단 계곡 안에 있기에 해수면(Sea Level)보다 더 낮은 곳을 흐르며 갈릴리 바다에서 사해까지의 직선거리는 약 105km 이지만 약 320km의 길이의 강이기에 사행천(蛇行川)이라고 부르기도 한다. 요단 강은 수원지에서 갈릴리 바다까지는 약 29km이고 수원지에서 남쪽으로 약 11km 지점에는 훌레 호수가 있다. 요단 강은 하란에서 돌아오던 야곱이 브니엘에서 기도하면서 지팡이만 가지고 요단 강을 건넜던 과거를 회상할 때에 처음으로 기록되었다(창 32:10). 이곳은 출애굽한 이스라엘 백성들이 하나님의 역사로 물이 멈춘 요단 강을 건너 가나안 땅으로 들어간 기적의 현장이 되었다(수 1:2; 3:11,13,17). 이스라엘 백성들이 가나안에 정착했을 때 요단 강은 베냐민 지파의 동쪽 경계가 되었다(수 18:20). 사사 시대에 모압과 에글론이 여리고를 점령하였을 때 에훗이 에글론 왕을 죽인 후에 이스라엘 자손이 요단 강 나루를 점령하고 도망가는 모압 사람 만 명을 죽였다(삿 3:28). 기드온은 미디안과 아말렉과 동방 사람들을 무찌르고 벧 바라와 요단 강에 이르는 수로를 점령하였다(삿 7:24). 기드온은 요단 강을 건너 미디안 사람들을 추격하였다(삿 8:4). 암몬 자손들은 길르앗 지방에 이스라엘을 열여덟 해 동안 억압하였을 뿐 아니라 요단 강을 건너 유다 지파와 베냐민 지파와 에브라임 지파를 공격하여 이스라엘을 괴롭혔다(삿 10:9). 사사 입다 때에 길르앗 사람들과 에브라임 사람들이 싸울 때에 길르앗 사람들은 요단 강 나루턱을 장악하

고 에브라임 사람인지를 가려내기 위해 쉽볼렛을 발음하지 못하면 잡아 죽이는 사건이 일어났다(삿 12:5). 사울 때에 블레셋 사람들을 두려워한 이스라엘 사람들 중의 일부분은 요단 강을 건너 갓 지파의 영토와 길르앗으로 피난하기도 했다(삼상 13:7).

다윗과 이스보셋이 내전을 할 때에 요압이 거느리던 다윗의 군대와 대치하던 이스보셋의 부하 아브넬의 군대는 요단 강을 건너 마하나임으로 퇴각하였다(삼하 2:29). 다윗은 아람을 공격하기 위해 요단 강을 건넜고 헬람에서 전투를 벌여 승리하였다(삼하 10:17). 다윗은 압살롬의 반역으로 요단 강을 건너 마하나임으로 피신했다가(삼하 17:22) 진압한 후에 요단 강을 다시 건너 예루살렘으로 돌아왔다(삼하 19:15).

엘리야 선지자는 요단 강 가에 있는 그릿 시내로 피신했고(왕상 17:3,5) 요단 강 가에서 승천했다(왕하 2:6, 7, 13). 아람 군대의 나아만 장군은 요단 강에서 일곱 번 몸을 담근 후에 치유를 받았다(왕하 5:14). 엘리사의 제자들은 요단 강에 떨어진 쇠도끼가 떠오르는 기적을 체험했다(왕하 6:6-7). 사마리아가 포위되었다가 아람 군대가 급하게 퇴각한 후에 사마리아 군대는 요단 강까지 아람 군대가 후퇴한 것을 확인하였다(왕하 7:15). 요단 강물은 정월에 모든 언덕이 넘치는 때가 되는 데 요단 강 동쪽에 사는 갓 자손 중에서 다윗을 도운 용사들은 요단 강을 건너 요단 골짜기에 있는 사람들을 도망하게 하였다(대상 12:15).

요단 강은 욥기에 베헤못의 비유에서도 언급되었다(욥 40:21). 예레미야는 에돔이 받을 심판을 예언할 때에 요단 강의 깊은 숲의 사자를 언급하였다(렘 49:14; 50:44). 스가랴는 요단의 자랑을 언급하였다(슥 11:3). 에스겔은 이스라엘 영토의 동쪽 경계선이 길르앗과 이스라엘 땅 사이의 요단 강이라고 하였다(겔 47:18). 세례 요한은 요단 강 부근에서 사역했고 요단 강에서 세례를 베풀었다(마 3:5, 6; 막 1:5). 예수님께서는 요단 강에서 세례를 받으셨고(마 3:13; 막 1:9; 요1:28), 세례 요한이 세례를 베풀던 곳에 다시 가서서 머물기도 하셨다(요 10:40). 예수님은 유대 지방만이 아니라 요단 강 건너편에서도 복음을 가르치셨다(막 10:1).

요단 강 유역은 계단처럼 되어 있는 삼단식 구조로서 요단 강이 흐르는 요단 강 유역의 밀림 지대(조르)와 회색의 점토 지대와 경작과 거주가 가능한 곳으로 고르라고 불리는 요단 평지가 있다. 요단 강가의 중간 지대는 밀림이 형성되어 사자까지 사는 곳이었다(렘 49:14; 50:44). 요단 강 유역의 평지는 서쪽으로는 여리고 평지가 있고 요단 강 동쪽에는 서쪽보다 더 길고 넓은 평지가 형성되어 있다. 솔로몬은 요단 강 동쪽의 요단 평지의 숙곳과 사르단 사이에서 성전에서 사용할 놋 기구를 제작하였다(왕상 7:45).

요단 강은 우기 때에 범람하는 곳으로 알려져 있다(렘 12:5; 욥 40:23). 이스라엘 백성들이 요단 강을 건넌 때는 보리를 수확하는 시기인 3~4월경으로 보인다. 요단 강은 평상시에는 폭이 27~30m 이고 깊이가 1-3m 이지만 봄에 늦은 비가 내리면 강물이 넘쳐서 폭도 넓어지고 깊이도 더 깊어지며 유속도 빨라져 급류가 되어 요단 강을 건너는 것은 불가능에 가깝게 여겨진다(수 3:15-17). 요단은 강 이름 뿐 아니라 지명으로도 사용되었다. 롯이 아브라함과 갈라서서 선택한 곳이 요단 지역이라고 기록되었다(창 13:10). 롯이 살았던 요단 지역은 염해(사해) 남단이기에 일반적으로 요단 계곡이라고 불리지는 않으나 지형적으로 요단 지구대에 속해 있는 곳이다.

요단 계곡은 일반적으로 헤르몬 산 아래에서부터 염해의 북쪽까지를 가리킨다. 요단 계곡은 해발 70m 높이의 훌레 분지가 있고, 해수면 보다 약 210m 낮은 갈릴리 바다가 있으며 해수면 보다 약 410m가 낮은 염해까지 이어지는 곳이다.

요단 계곡은 갈릴리 바다에서 남쪽으로 약 8km 지점에서 야르묵 강이 연결되어 요단 강의 수량이 두 배로 늘어난다. 요단 계곡은 요단 강과 얍복 강이 합류하는 곳에서부터 사해 사이에는 급류가 있어 요단 강을 건너는 것이 어렵다. 여리고 맞은편에 있는 요단 강 동쪽의 평지는 모압 평지로 불렸는데 이스라엘 백성들이 요단 강을 건너기 전에 이곳에서 머물면서 여리고에 정탐꾼을 보냈다.

**숙곳 골짜기** (the vally of Succoth)는 숙곳이 있는 요단 계곡이다. 성경에 두 번 기록되었으며 세겜과 길르앗과 가까운 지역이기에 같이 언급된 곳이다(시 60:6; 108:7).

예수님께서 세례를 받으신 곳으로 요단 강 건너편에 있으며 성경에 한 번 기록된 곳이다(요 1:28). 베다니2(요단 강)는 나사로가 살던 예루살렘의 감람 산 동쪽에 있는 베다니1(감람산; 마 21:17)와 다른 곳이기에 동명이지이다. 이곳은 요단 강을 사이에 두고 요르단에 있는 와디 엘 카르라르(Wadi el-Kharrar)와 이스라엘에 있는 카스르 엘 야후드(Qasr el-Yahud)로 추정되기 도 한다.

이곳을 와디 엘 카르라르(Wadi el-Kharrar)로 추정하는 이유는 성경의 요단 강 건너편이라는 기록과 일치하는 장소이기 때문이다(요 1:28). 이곳은 요단 강 가까이에 있는 곳이며 물이 풍부 한 지역이다. 이 지역은 세례 요한이 활동하던 곳이기도 하다. 예수님께서 갈릴리에서 이곳까지 세례를 받으러 오셨다고 추정한다(마 3:13; 막 1:9). 이 지역에서 예수님의 세례 터와 이곳을 세 례 요한의 사역지로 추정할 수 있는 유적이 발굴되었다. 1997년 발굴 조사를 통해 21개 장소들 에서 교회와 물과 관련된 시설들이 나왔다. 요단 강 동쪽 제방 근처에서 발굴된 한 교회 건물은 비잔틴과 우마야드 시대의 것으로, 화려한 모자이크 바닥과 고린도의 문자들이 발견되었다. 동 쪽에서 수도원 건물들과 우물, 근처에 있는 동굴들이 나왔다. 와디 엘 카르라르(Wadi el-Kharrar)와 요단 강이 만나는 곳에는 세례 요한의 샘(John the Baptist Spring)과 수도사들이 사 용했던 두 개의 동굴이 있고, 주후 5~6세기에 세워진 세례 요한 교회가 있다. 또한 메드바의 모 자이크 지도에는 요르단의 동쪽에 있는 것으로 표시되어 있다.

요단 강에서 동쪽으로 약 2km 떨어진 와디 엘 카르라르(Wadi el-Kharrar)가 시작되는 곳에 서 세 개의 교회 터, 수로, 세례터, 기도실이 발굴되었다. 이곳을 엘리야의 언덕(St. Elijah Hill; Jabal Mar Elias)이라고 하는데 선지자 엘리야가 승천한 곳으로 알려졌고, 요즘은 이곳을 텔 엘 카르라르(Tell el-Kharrar) 또는 텔 마르 엘리야스(Tell Mar Elias)라고 부른다.

이곳을 예수님이 세례 받으신 장소로 추정하는 근거는 주후 185년부터 254년까지 팔레스틴 에서 살았던 오리게네스가 베다니를 벧 아라바라고 읽어야 한다고 주장했기 때문이다. 벧 아라 바(Beth Araba)는 건너가는 집(House of Crossing)이라는 뜻이며, 이스라엘 백성이 요단 강을 건너간 지점으로 추정 된다. 여리고 부근의 길갈 추정지역은 요단 강 건너편이다. 이곳은 기드 온이 점령하라고 명령한 요단 강의 나루터였던 벧 바라(삿 7:24)로 추정되기도 하나 확실하지 않다.

▲요단 강

▲엘리야의 산

▲세례 요한 기념교회의 유적

## 벧하란 Beth-Haran (בֵּית הָרָן 높은 곳에 있는 집) /벧 하람

갓 지파가 요단 강을 건너기 전 요새로 건축한 곳이다. 모세가 갓 지파에게 분배한 성읍(민 32:36)으로 요단 강 계곡에 있었으며, 그 부근에 벧니므라와 숙곳, 사본이 있었다. 벧 하란 (Beth-haran)은 이명동지로 벧 하람으로도 기록된 곳이다(수 13:27). 벧 하란은 갓 지파가 요단 강을 건너가 가나안 정복 전쟁을 하기 전에 요단 강 동편에 가족들을 남기고 가려고 요새로 만든 성읍이다. 이 성읍은 모압 평지에 위치하였으며 벧 하란은 '높은 곳에 있는 집' 이라는 뜻이기에 높은 지대에 있다고 추정한다.

벧하란의 추정지인 텔 에르 라마(Tell er-Rama)와 텔 익타누(Tall Iktanu)는 모압 평지에 있으며 두 장소는 4km 밖에 떨어져 있지 않고 모두 다 언덕 위에 위치하고 있다. 두 장소는 선택하기 어려울 정도로 벧하란으로 추정되는 요소가 충족되어 있다. 그러나 역사적인 증거로는 텔 에르 라마가 더 유리하나 요새화된 성읍이라고 본다면 현재까지 발굴된 내용으로는 텔 익타누가 더 유리하다.

▲벧여시못으로 안내해 준 요르단 친구들

# 벧하란 [-1]

텔 에르 라마(Tell ar-Rama)

31°49′32.15″N 35°38′40.32″E

이곳은 텔 익타누보다 벧 하란일 가능성이 조금 더 높다. 유세비우스는 아랍어로 벧 람다(Beth Ramtha)로 불리다가 후에는 리비아스(Livias)로 불리는 곳이 벧 하람(수 13:27)이라고 했다. 비잔틴 시대에는 이곳에 주교좌가 설치되었다. 탈무드에서 벧 하람(란)의 근대 이름이 벧 람다(Beth Ramtha)라고 했다. 이곳에서 청동기 시대부터 전기·후기 철기, 페르시아, 헬라, 로마, 비잔틴, 이슬람, 오토만 시대까지의 토기가 발견되었고 비잔틴 시대의 건축물이 있다. 그러나 텔 익타누 같은 고고학적인 증거는 확인되지 않았다.

이곳은 비옥한 에르 라마(ar-Rama) 평야에 있는 자연적인 언덕 위에 세워진 성읍으로 해발 205m의 언덕으로 지금은 이슬람 묘지가 자리 잡고 있다.

이곳은 모압 평지에서 가장 중요한 고고학 유적지이다. 이곳은 와디 헤스본(Wadi Hisbon)이라고 불리는 와디 아르 라마(Wadi ar-Rama) 옆에 있는 언덕 위에 있기에 모압 평지를 가장 잘 살필 수 있는 좋은 위치에 있다.

텔 익타누는 규모로도 큰 언덕이며 해저 125m의 높이이며 두 개의 언덕으로 이루어져 있으며 남쪽 요단 계곡을 내려다볼 수 있다. 이곳에서 청동기 시대부터 전기 · 후기 철기, 페르시아, 헬라 시대에까지 이르는 토기가 발견되었다. 메릴(Merrill), 글룩(Glueck)은 전기 · 후기 철기 시대의 요새를 보았다고 했고 언덕의 남동쪽에서는 두꺼운 성벽을 발견했다. 텔 익타누는 요새로 볼 수 있는 유적이 발견되었기에 벧 하란으로 추정되는 곳이다.

입다가 정벌한 암몬 족속의 이십 성읍들 중에 하나로 뛰어난 특산품으로 유명하다(삿 11:33). 길르앗의 사생아로 출생한 사사 입다는 잡류들의 우두머리가 되었다(삿 11:1-3).

이스라엘을 지배하던 암몬 자손이 요단 강을 건너 길르앗에 진을 치자 길르앗의 장로들의 요청으로 지도자가 된 입다는 협상으로 해결되지 않자 암몬 족속을 쳤다(삿 11:4-11). 에스겔이 두로를 향해 예언할 때에 두로가 이스라엘과 유다와 무역할 때에 그들이 민닛에서 생산된 밀, 과자, 꿀, 기름, 유향으로 무역을 하였다고 언급할 정도로 이곳에서 뛰어난 특산품이 생산되었다(겔 27:17).

민닛은 헤스본과 암만 사이에 있는 텔 움 엘 하나피시(Tell Umm el-Hanafish)라고 추정한다. 이곳은 움 엘 바싸틴(Umm el-Basatin)이라고도 불린다. 이곳은 해발 822m의 언덕 위에 있다. 이곳에서 전기·후기 철기, 페르시아 시대의 토기와 로마 시대, 비잔틴 시대의 무덤과 로마 시대부터 비잔틴 시대, 마믈룩 시대, 오토만 시대, 근대까지에 이르는 토기, 저수조, 석축, 채석장, 무덤, 대리석 석관이 발굴되었다.

▲움 엘 하나피시의 정상

움 엘 하나피시의 유적▶

# 벧여시못 Beth-Jeshimoth (בֵּית הַיְשִׁמוֹת 사막들의 집)

텔 엘 아제메(Tell el-Azeimeh)                                    31°47′05.53″N 35°36′21.67″E

요단 강을 건너기 전에 이스라엘이 머물렀던 곳이다. 모압 평지에 있었던 벧여시못은 아벨싯딤 부근에 있었다(민 33:49). 이곳은 아모리 왕 시혼이 다스리던 곳으로 모세는 이곳을 점령하여 르우벤 자손에게 분배했다(수 12:3; 13:20). 이곳은 모압의 국경에 있으며 모압의 자랑거리인 성읍이나 하나님의 심판을 받을 곳으로 예언되었다(겔 25:9). 성경의 기록으로 보아 벧여시못은 사해와 비스가 산 기슭 부근에 있는 모압 국경에 있는 곳이었기에 모압 평지에 있는 성읍이다. 글룩(Glueck)에 의하면 모압 평지에서 벧여시못 이름의 뜻을 보존한 지명 중에서 텔 엘 아제메(Tell el-Azeimeh)가 벧여시못으로 추정된다고 하였다. 대부분의 학자들은 벧여시못을 텔 엘 아제메로 추정한다.

위에 기록된 좌표(31°47′05.53″N 35°36′21.67″E)는 글룩의 227의 장소(Glueck Site 227)이다. 이곳에서는 석동기, 철기, 로마, 이슬람 시대에 이르는 토기가 발견되었고 그대의 수로가 발견되었다. 텔 엘 아제메는 해저 300m에 있다. 이 지역에는 아제메라는 이름과 연결된 유적이 많이 있으며 동쪽에는 대규모의 토목 공사가 이루어져 유적지의 훼손이 심한 곳이다. 이 지역에는 북쪽 아제메(Azeimeh North 31°47′12.62″N 35°37′33.67″E)가 있는데 이곳에서는 후기 석동기, 초기 청동기의 토기가 발견되었다. 남쪽 아제메(Azeimeh south 31°46′57.14″N 35°37′18.23″E)에서는 후기 석동기, 초기 청동기, 철기 시대의 토기가 발견되었다. 아제메 캠프(Azeimeh Camp)에서는 철기, 로마, 비잔틴 시대의 토기가 발견되었다. 이 지역에서는 고인돌이 발견되었기에 엘 아제메 고인돌 지역(el-Azeimeh Dolmen field/Glueck Site 225)이라고 부르며 해저 250m 지역에 있다.

▲북쪽 아제메 전경

▲남쪽 아제메 전경

## 벧여시못 길 the way to Beth-Jeshimoth (דֶּרֶךְ בֵּית הַיְשִׁימוֹת)

벧여시못에서 헤스본으로 올라가는 길을 가리킨다. 이 길 가까이에는 염해가 있기에 염해의 벧여시못으로 기록되었다(수 12:3).

# 아벨싯딤 Abel-shittim (אָבֵל הַשִּׁטִּים 아카시아 초원) /싯딤²(모압)

모압 평지의 한 장소로 사해 북동쪽에 위치해 있는데 이스라엘 민족은 요단 강을 건너기 전에 이곳에서 진을 쳤다(민 33:49). 아벨 싯딤은 지명이며 싯딤(Shittim)은 약칭이기에 이명동지이다(민 25:1; 수2:1; 3:1; 미 6:5). 이곳은 납달리의 성읍이었던 싯딤1(납달리)와는 다른 동명이지이다(수 19:35). 이스라엘이 이곳에 진을 쳤을 때 많은 일이 일어났다. 모압의 발락은 발람을 통해 이스라엘을 저주했으며(민 22-24장) 이스라엘 백성이 바알브올 우상을 믿는 모압과 미디안 여인들과 범죄하여 벌을 받았던 곳이기도 하다. 모세는 이곳에서 인구조사를 실시하였고 여호수아를 모세의 후계자로 선언하였다(민 25-27장). 여호수아는 싯딤에서 여리고 성을 정탐하는 두 사람을 보내었으며(수 2:1) 싯딤에서 떠나 요단 강가로 가서 요단 강을 건널 준비를 하였다(수 3:1).

아벨싯딤이 목초지(Meadow)나 '조각목(아카시아)의 목장' 이라는 뜻으로 보아 비옥한 지역인 것으로 추측하기에 요단 계곡의 남동쪽에 있을 것으로 추정되나 이름이 보존된 곳은 없다. 아벨싯딤은 텔 엘 카프레인(Tell el-Kefrein)과 텔 엘 함만(Tell el-Hamman)으로 추정된다. 초기에는 아벨(Abel)이나 올브라이트(Albright) 같은 학자는 텔 엘 카프레인을 아벨싯딤으로 추정했으나 요즈음은 일반적으로 텔 엘 함만으로 추정되고 있다. 여러 가지 조건을 볼 때 아벨싯딤으로 추정되는 제일 좋은 장소가 텔 엘 함만이다.

▲텔 엘 함만

# 아벨싯딤 [1]

텔 엘 함만(Tell el-Hamman)

31°50′27.06″N 35°40′28.12″E

아벨싯딤으로 추정되는 이곳은 텔 엘 카프레인(Tell el-Kefrein)에서 남동쪽으로 2.5km 떨어진 곳에 위치하고 있으며 해저 120m의 위치에 있다. 텔 익타누를 제외하고는 모압 평지에서 가장 전망이 좋은 곳에 있다. 텔 엘 카프레인은 해저 180m에 있으며 텔 엘 함만의 규모가 더 크다. 이곳의 정상에 초기·후기 철기 시대 때 견고하게 건축되어 요새화된 거주지가 있다. 이곳의 요새는 성벽의 두께가 1.2m, 너비가 약 140m, 길이가 약 25m로 3500㎡의 크기이다. 이곳에서 초기 청동기, 철기, 로마, 비잔틴 시대의 토기가 발견되었다. 여러 가지 조건으로 텔 엘 함만은 가장 가능성이 높은 아벨싯딤 추정지로 보인다. 2005년부터 콜린스(Steven Collins)교수는 이곳을 발굴하고 소돔이라고 주장하였다.

# 아벨싯딤 [-2]

텔 엘 카프레인(Tell el-Kefrein)                31°51′01.83″N 35°39′10.40″E

아벨싯딤으로 추정되어 왔던 텔 엘 카프레인(Tell el-Kefrein)은 모압 평지에 있는 와디 카프
레인(Wadi Kefrein) 가까이에 있으며 요단 강에서 동쪽으로 약 11km 지점에 있고 사해의 북쪽
으로 약 10km 지점에 있다. 이곳은 해저 185m에 있지만 주위의 평지보다는 30m정도 높은 고
립된 언덕이다. 이곳은 정상의 너비가 약 15m이고 길이는 23m가 되는 작은 언덕이다. 이곳에
서 철기, 로마, 비잔틴, 이슬람 시대의 토기가 발견되었다. 텔 엘카프레인 주위에는 수많은 자
연 동굴들이 있다. 아벨싯딤의 추정지로 텔 엘 카프레인보다 텔 엘 함만이 가능성이 높다.

# 스밤[1] 르우벤 Sebam (שְׂבָם 차가움, 좋은 냄새) /십마

엘 카른(el-Qarn)

모세가 르우벤 지파에게 할당한 목초지로 아모리 왕 시혼에게서 빼앗은 성읍이다(민 32:3). 이 성읍은 르우벤 지파가 건축하고 새 이름을 주었던 십마(Sibmah)와 같은 곳이다(민 32:38). 스밤은 동명이지로 요르단에 있는 스밤1(르우벤; Sebam)과 가나안의 북동쪽 경계에 있는 스밤2(가나안; Shepham; 민 34:10,11)이 있으며 한글성경에는 같은 지명이나 히브리어에서는 다르다. 이 지역은 포도원으로 유명한 곳이었으며 이사야와 예레미야의 예언에 언급된 곳이다(사 16:8,9; 렘 48:32). 스밤은 다윗 왕의 재산을 맡은 신하 중에서 포도주가 유명한 고장의 출신인 삽디가 포도주 관리 책임자가 된 곳이다(대상 27:27). 이곳이 성경에서 헤스본과 같이 나오는 것으로 보아 헤스본 부근에 있었던 성읍이며 엘르알레와 느보 부근에 있었던 성읍으로 보인다. 스밤에 대한 추정은 학자들에 따라 다르지만 헤스본 서남쪽으로 5km 지점에 있는 엘 카른(el-Qarn)으로 추정된다. 이곳을 키르벳 쿠른 엘 키브쉬 (Kh. Qarn el-Kibsh)로 부르기도 한다. 이곳은 해발 700m 고지의 언덕에 있으며 초기 · 중기 청동기, 초기 로마 시대와 비잔틴 시대의 토기 조각이 발견된 곳으로 약 27,000㎡의 면적을 가진 유적지이다.

▲엘 카른의 정상

엘 카른의 전경▶

## 헤스본 Hesbon (חֶשְׁבּוֹן 계산, 생각)

텔 헤스반(Tell Hesban)　　　　　31° 48′ 01.92″ N　35° 48′ 32.37″ E

　아모리의 수도였으며 성경에 37번 기록된 헤스본은 모압 평지의 북쪽 언저리에 위치하고 있는데 이곳은 아모리 왕 시혼의 도읍지였다(민 21:25, 26). 이스라엘이 정복 후에 이 땅의 분배를 요구한 르우벤과 갓 지파의 대결의 결과 르우벤이 차지하게 되었고 레위 지파가 그들의 몫으로 일부 땅을 분배받았다(민 21:21-26; 32:37; 수 21:39). 이사야와 예레미야 시대에는 모압이 다시 차지하였으나(사 15:4; 렘 48:2) 후에 다시 이스라엘이 빼앗았던 성읍이다. 헤스본에는 아가서의 비유로 알려진 바드랍빔 문이 있었다(아 7:4). 대부분의 학자들은 헤스본을 텔 헤스반(Tell Hesban, Tell Hisban)과 동일시되고 있다. 텔 헤스반은 암만의 남서쪽 20km, 메드바 북쪽 9km, 느보 산에서는 6km, 아르논 강에서 북쪽으로 약 40km에 있는 곳으로 왕의 대로가 지나가는 성읍이다. 이곳은 헤스본이 모압 평야를 지키는 중요한 도시로서의 조건을 갖추고 있는 해발 895m의 고지에 있다.

　헤스본은 지리적인 이점 때문에 이 지역의 행정 수도였다. 이곳은 초기 청동기 시대의 주거지로부터 철기 시대의 수로, 저수조, 주거지가 있었다. 또한 헬라, 로마 시대의 주거지, 신전이 있으며 비잔틴 시대의 교회 유적지도 있고 이슬람 시대, 오토만 시대로부터 근대까지 거주지였다. 1970년대의 발굴에서는 북동쪽 코너 근처의 큰 돌에서 탈무드가 새겨진 것이 발견되었고 화덕과 도자기가 주로 발굴되었으나 새로운 발굴은 1996-2001년에 이루어졌다.

텔 헤스반 정상▲

텔 헤스반 정상에 있는 아치▶

# 2부  요르단의 *중부*   모압

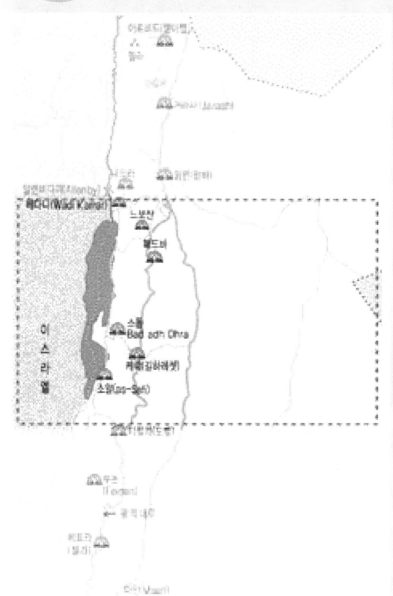

▲얍복 강 가에서 밭가는 농부

▲사해 동쪽 평원의 농부 가족

# 모압 지역

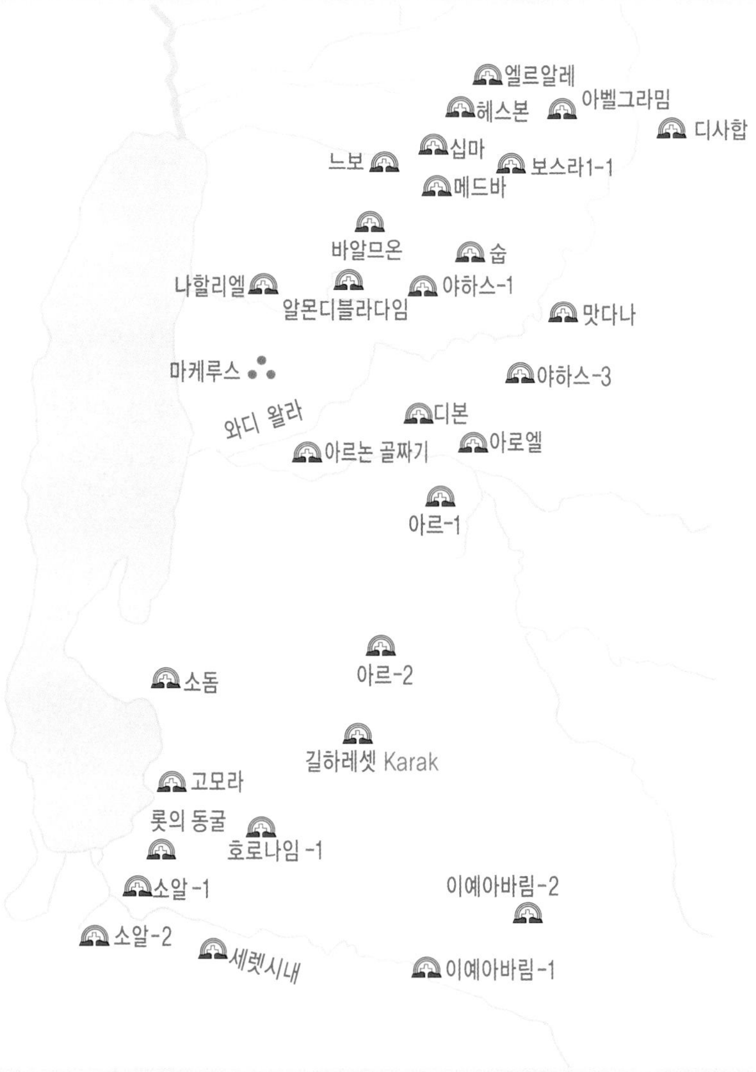

엘르알레

헤스본    아벨그라밈

디사합

느보    십마    보스라1-1

메드바

바알므온    숩

나할리엘    야하스-1

알몬디블라다임    맛다나

마케루스    야하스-3

와디 왈라    디본

아르논 골짜기    아로엘

아르-1

소돔    아르-2

길하레셋 Karak

고모라

롯의 동굴    호로나임 -1

소알 -1    이예아바림-2

소알-2    세렛시내    이예아바림 -1

## 모압 Moab

롯의 큰 딸로부터 시작된 민족이 세운 나라이다(창 19:37). 모압이 자리 잡은 모압 산지는 아르논 골짜기로부터 세렛 시내까지였으나 모압이 아르논 골짜기의 북쪽까지 영토를 확장하였다. 모압의 중심도시였던 디본과 헤스본은 더 북쪽에 있었다. 모압의 땅을 하나님께서는 이스라엘에게 주지 않겠다고 하셨다(신 2:9).

모압 지역은 아르논 골짜기 북부 지역과 아르논 골짜기 남부 지역으로 나눌 수 있다. 모압 남부 지역은 북쪽의 아르논 골짜기와 남쪽의 세렛 시내가 깊은 계곡으로 이루어져 통행에는 불편하나 방어에는 유리한 천연 방어선이 되었다. 모압 산지는 해발 1,200m 이상이 되는 높은 산악지대로 연 평균 강우량이 200-300mm 정도에 불과해 목재로 쓸 수 있는 나무가 없고 초원이 많이 있어 양을 치는 데는 적당한 지역이었다.

아르논 골짜기의 북쪽 지역은 해발 600-700m의 고원지대로 메드바와 헤스본 사이의 고원에 있는 평지를 미솔(Mishor)이라고 하였고, 성경에 미솔은 평원 또는 평지로 번역되었다. 두 지역은 누비안 사암층 위에 세노마니안 석회암이 형성된 산지이며 사해 쪽의 경사지나 깊은 계곡에서는 누비안 사암층이 보이기도 한다. 특히 남쪽 지역은 현무암 층으로 이루어져 있어 많은 온천이 발견되었고 온천수가 사해로 흘러가기도 한다. 모압 지역은 왕의 큰 길(왕의 대로)이 지나가는 교통의 요지이기에 이스라엘 민족의 출애굽 통로로 이용될 수밖에 없었다.

출애굽한 이스라엘은 모압과 싸우지 않고 동쪽으로 돌아서 모압 땅에 이르렀다. 모세는 모압 땅인 느보 산에서 가나안 땅을 바라보고 죽었고 이스라엘 백성은 모압 평지에서 머무르다가 요단 강을 건너 가나안 땅으로 들어갔다. 르우벤 지파가 분배받은 땅은 모압 지역에 속한 곳이었다.

사사 시대에는 모압 왕 에글론이 암몬과 아말렉과의 연합군으로 이스라엘을 공격하여 18년 동안 통치하였으나 사사 에훗이 이스라엘을 구원하였다. 다윗왕은 모압을 공격하여 속국으로 삼고 조공을 바치게 하였다(삼하 8:2). 이스라엘이 남북으로 분열된 후 북이스라엘의 지배 아래 있게 된 모압은 양털을 조공으로 바쳤다(왕하 3:4).

## 모압 광야 길 the desert road of Moab (דֶּרֶךְ מִדְבַּר מוֹאָב)

이스라엘 백성이 아라바를 지난 후 엘랏과 에시온게벨 곁을 지나갔던 길이다(신 2:8). 모압 광야 길은 모압 지방 동쪽의 사막 지역에 있었으며 남쪽에 있는 에돔 광야 길과 연결된다. 이 길은 왕의 대로의 동쪽에 있었던 길로 유목민들이 주로 사용하던 길이었다. 이 길은 기찻길이나 현대 사막 고속도로 부근일 것으로 추정된다.

## 모압 들에 있는 골짜기 the valley in Moab (הַגַּיְא אֲשֶׁר בִּשְׂדֵה מוֹאָב)
와디 아윤 무사(Wadi Ayoun Musa)

이스라엘 백성들이 바못에서 떠난 후에 도착한 비스가 산 꼭대기 가까이에 있는 모압 지방의 골짜기이다(민 21:20). 이스라엘 백성들은 맛다나를 떠나 나할리엘을 거쳐 바못에 도착하였다. 높은 곳이라는 뜻을 가진 바못(민 21:19, 20)은 바못 바알(수 13:17)과 이명동지이다. 이곳에는 바알의 산당(민 22:41)이 있었다. 바못은 느보 산 남쪽에 있는 키르벳 엘 쿠 베이지예(Khirbet el-Quwaijiya)로 추정된다. 이곳은 성서에서 기록된 지리적인 조건과 일치하는 조건을 가지고 있으나 고고학적인 증거는 부족하다. 바못은 느보 성읍으로 동일시되는 키르벳 무가야트

(Khirbet Mukhyyat)에서 남쪽으로 약 2.4km 떨어져 있어 느보 산 일대가 잘 보인다.

모압 들에 있는 골짜기는 모세의 우물(Ayoun Musa)이 있는 와디 아윤 무사(Wadi Ayoun Musa)와 동일시되고 있다. 와디 아윤 무사에는 벳브올로 추정되는 키르벳 아윤무사(Khirbet Ayoun Musa)와 키르벳 엘 마하타(Khirbet el-Mahatta)가 있다. 와디 아윤 무사는 헤스본 지역에서 시작된 와디 헤스본(Wadi Hisban)의 남쪽의 계곡으로 느보 산의 북쪽에서 시작되어 서쪽에 있는 모압 평지를 지나가는 작은 와디이다.

▲아윤 무사에서 바라본 와디 아윤 무사
▼아윤 무사

## 모압 평지 Plain of Moab (עַרְבוֹת מוֹאָב)

이스라엘 백성이 요단 강을 건너기 전에 진을 쳤던 곳이다. 요단 계곡의 여리고 맞은편에 있으며 벧여시못과 아벨싯딤이 있는 평야이다(민 22:1; 민 33:49). 이스라엘 백성이 이곳에 머무는 동안 모압의 발락은 발람을 통해 이스라엘을 저주하려고 했고(민 22-24장), 모압 평지에 있는 아벨싯딤과 이명동지인 싯딤에서 범죄한 이스라엘 백성이 염병으로 이만 사천 명이 죽고 나서야 질병이 그치는 고스비의 사건이 일어났다(민 25:1-18).

모세는 이곳에서 이스라엘 백성에게 하나님의 말씀을 전했으며 두 번째 인구 조사(민 26:3, 4; 36:13)를 했다. 모세는 이곳에서 이스라엘 백성에게 영토를 분배하기도 하였다(수 13:32). 모압 평지에서 마지막 사역을 마친 모세는 모압 평지가 내려다보이는 느보 산에 비스가 산 꼭대기에서 북쪽의 길르앗 땅과 맞은편의 가나안 땅, 남쪽의 소알까지 바라본 후에 죽었다(신 34:1-5). 여호수아는 이곳의 싯딤에서 여리고 성을 정탐하는 두 사람을 보내었으며(수 2:1) 요단 강을 건너기 위해 싯딤을 떠나 요단 강가로 갔기에, 이곳은 가나안으로 가기 전에 마지막으로 머무르며 요단 강의 도하를 준비하는 곳이 되었다(수 3:1). 주전 6세기경부터는 언덕 위에 있던 성읍들이 시내가 흐르는 모압 평지로 내려와서 자리 잡기 시작하였고 성읍의 이름들이 조금씩 변하기 시작하였다.

▲벳브올-2 키르벳 엘 마하타에서 내려다 본 모압 평지

모압 평지의 양떼

죽음의 바다라고 불리는 요단 지구대에 있는 염해는 사해라고 불리는 소금바다를 가리킨다 (창 14:3; 민 34:3; 신 3:17; 수 3:16; 12:3; 15:2, 5, 18:19). 염해는 아라바의 바다(수 3:16; 왕하 14:25)와 동해(겔 47:18; 욜 2:20; 슥 14:8)와 이명동지이다. 아라바 바다( the Sea of the Arabah) 는 르우벤 지파와 갓 지파의 영토의 경계선이었던 아라바의 바다(수 3:16; 신 4:49)는 아라바 바다(신 3:17; 왕하 14:25)라고 불리는 곳이다.

염해는 다른 번역에서 '소금바다' 라고 번역되기도 했다. 사해는 길이가 약 80km이고 최대 폭은 약 17km에 이르며 수심은 약 400m이고 수면의 높이는 해수면보다 약 400m 아래에 있으며 수중 고형물질이 25% 이고 비중은 1.17이다. 지금의 사해는 물의 사용량의 증가로 인해 유입되는 물이 줄어 성경시대와는 많이 달라졌다.

유다 지파의 남쪽 경계인 염해의 남쪽 끝에 있는 남향한 해만(the southern end of the Salt Sea)은 성경에 한 번 기록된 지명으로 염해의 남쪽 지역을 가리킨다(수 15:2). 염해는 염해의 동쪽에 있는 르우벤 지파와 모압 지파와의 자연적인 경계선이 되었다. 염해의 남동쪽에 있는 에돔은 염해 같은 자연적인 경계선에 있었기에 유다 지파와의 충돌이 잦았다. 베냐민 지파의 동쪽 경계선인 염해의 북쪽 해만(the northern bay of the Salt Sea)은 성경에 한 번 기록된 지명이다(수 18:19).

염해의 북쪽 해만은 벧 호글라의 남쪽에 있으며 요단 강의 남쪽 끝이기에 요단 강과 염해가 합류되는 지역이다. 요단 강은 요단 강 동편의 갓 지파와 자연적인 경계선이 되며 염해의 동쪽은 르우벤 지파의 영토이다.

▲세렛 사할에서 바라본 염해

# 엘르알레 Elealeh (אֶלְעָלֵה 하나님이 올라가신다)

키르벳 엘 알(Khirbet El-Al)　　　　　31°49′10.09″N 35°49′41.44″E

　　요단 강 동편에 머무르고 싶었던 르우벤 자손과 갓 자손이 모세에게 머물겠다고 요청한 요단 강 동편의 성읍으로 르우벤 자손이 건축한 곳이다(민 32:3, 37). 이사야와 예레미야는 모압이 황폐해질 것을 예언하면서 엘르알레와 헤스본의 심판도 예언하였다(사 15:4; 16:9; 렘 48:34). 엘르알레는 헤스본 옆에 있는 성읍이었기에 헤스본에서 북동쪽 3km떨어져 있는 키르벳 엘 알(Kh. El-Al)과 동일시된다. 키르벳 엘 알은 해발 930m의 언덕 위에 있으며 규모가 125,600㎡가 되는 유적지이다. 이곳에서 청동기 시대의 요새화된 거주지와 전기 · 후기 철기, 페르시아, 헬라, 로마 시대의 토기조각이 발굴되었다. 그뿐 아니라 비잔틴 시대의 교회 터와 아랍, 마믈룩 시대의 토기와 오토만 시대의 무덤이 발견되었으며 동굴과 성벽과 사원과 올리브 착유기와 저수조와 석축이 발굴되었다.

## 베셀 Bezer (בֶּצֶר 접근할 수 없는) /보스라[1] (모압)

예레미야의 예언에서 심판받을 모압의 성읍 중 하나로 기록된 성읍으로 벧 므온과 그리욧 부근에 있었다(렘 48:24). 르우벤 지파를 위해 세워진 도피성 베셀(Bezer 신 4:43; 수 20:8; 21:36; 대상 6:78)은 메사의 석비에도 기록된 성읍으로 모압 지방에 있는 보스라1(모압; 렘 48:24)와 같은 곳이다. 피난처의 뜻을 가진 도피성(City of refuge)은 우발적으로 살인한 사람들에게 피난처로 제공되는 레위인의 성읍으로 여섯 개의 성읍이 지정되었다(민 35:6,11,13,14,15). 도피성으로 피신한 가해자는 대제사장이 죽기까지 머물러야 했다(민 35:25). 도피성은 요단 강 동쪽의 세 곳과 서쪽의 세 곳이 지정되었다. 요단 강 동쪽의 도피성은 바산 골란, 길르앗 라못, 베셀이며 요단 강 서쪽의 도피성은 갈릴리 게데스, 세겜, 헤브론이었다(수 21:27,32, 36,38; 대상 6:57,67).

보스라는 모압 지역의 보스라1(모압)와 에돔 지역의 보스라2(에돔; 창 36:33; 대상 1:44; 사 34:6; 렘 49:13; 암 1:12; 미 2:12)가 있다. 베셀과 보스라1(모압)은 이명동지이다. 보스라는 히브리어에서 요새화된 곳을 의미하기에 군사적인 면과 연계해서 이 장소를 추정하게 한다. 보스라는 예레미야가 모압의 심판을 예언할 때 성읍의 목록에서 제일 마지막에 언급한 성읍으로 그리욧 다음에 기록되어 있다(렘 48:24).

베셀로 추정되는 장소는 움 엘 아마드(Umm el-Amad)와 텔 잘룰(Tell Jalul)이 있다. 움 엘 아마드는 메드바에서 북서쪽으로 13km 거리에 있으며 텔 잘룰은 메드바에서 동쪽으로 약 5km 지점에 위치해 있다.

▲오봇으로 가는 길

움 엘 아마드(Umm el-Amad)                    31°47′09.49″N  35°54′05.80″E

메드바에서 북동쪽으로 13km 떨어져 있는 해발 823m의 언덕 위에 있는 유적지이다. 이곳은 평지(Mishor)에 있기에 밀 경작지 안에 있으며 위치와 규모가 적당하여 보스라로 추정되는 곳이다. 움 엘 아마드는 125,600㎡의 규모의 큰 유적지이다. 이곳에서 초기 청동기 시대부터 전기·후기 철기, 페르시아, 로마, 비잔틴, 마믈룩 시대까지 이르는 토기 조각들이 발견되었고 근대의 무덤들이 이곳에 있으며 요새화된 주거지, 탑, 포도주 틀, 저수조, 석총, 석축이 발굴되었다.

▲움 엘 아마드의 유적 위의 주택

메드바에서 동쪽으로 5km 지점에 있는 해발 820m의 언덕 위에 있는 유적지로 메드바 평원에 위치해 있다. 이곳이 텔 엘 아마드(Tell el-Amad)와 함께 보스라로 추정되는 이유는 그 곳보다 르우벤 지파의 영역에 더 가깝기 때문이나 두 곳 모두가 확정적인 증거가 없다.

텔 잘룰(Tell Jalul)은 규모가 72,000㎡ 정도 되는 유적지로 암만 남쪽 지역에서 가장 큰 유적지 중 하나이며 넓은 저지대가 작은 상부 도시인 아크로폴리스를 향해 뻗어 있는 형태이다. 이곳에서는 신석기 시대와 석동기, 청동기 시대의 토기 조각들이 출토되었다. 중요한 전기 · 후기 철기, 페르시아 시대, 헬라, 나바티안, 로마, 이슬람, 마믈룩, 오토만 시대의 토기들도 발견되었으며 주거지와 저수조, 아치도 발견되었다.

이곳에서는 1992년 이후 4차례의 발굴이 이루어졌는데 대부분의 발굴은 후기 철기시대의 것이지만 벽과 바닥 일부분을 후기 헬라, 초기 로마, 나바티안 시대의 것이었다.

◀텔 잘룰 정상 위의 유적

# 디사합 Di-zahab (דִּי זָהָב 황금의)

두헤바 엘 가르비야(Dhuheiba el-Gharbiya)　　　　31°47′51.88″N 36°00′17.84″E

　모세가 아라바 광야에서 말씀을 선포했던 장소 중 한 곳이다(신 1:1). 이곳과 함께 기록된 장소는 바란, 도벨, 라반, 하세롯, 디사합이다. 디사합의 추정지는 이집트 시내 반도의 항구도시인 다하브(Dahab 28°29′47.30″N 34°30′47.51″E)와 요르단의 두헤바 엘 가르비야(Dhuheiba el-Gharbiya)이다.

　이곳은 사해의 북동쪽 지역으로 추정하는데 무실(Musil)은 두헤바 엘 가르비야(Dhuheiba el-Gharbiya)를 디사합과 동일시하였다. 두헤바는 메드바에서 동북동쪽으로 22km 떨어진 해발 780m의 마을로 시대가 구분되지 않는 성벽의 기초 외에는 발굴된 고고학적인 자료가 없다. 두헤바 부근의 언덕에는 아직 발굴되지 않는 유적이 있다. 이곳은 두헤이바 마을에서 서쪽으로 약 1.1km 떨어진 언덕으로 이곳에는 시대가 확인되지 않은 저수조와 동굴 유적지가 여러 곳에 흩어져 있는 큰 규모의 유적이다.

# 느보 [2] 르우벤 Nebo (נְבוֹ)

## 키르벳 무카이야트(Kh. Mukhayyat)　　　31° 44′ 53.05″N  35° 44′ 35.50″E

출애굽한 이스라엘 백성이 진을 쳤던 아바림 산의 앞에 있었던 중요한 성읍이다(민 33:47). 르우벤 지파와 갓 지파가 목초지로 요구했던 성읍 중의 하나였다(민 32:3). 느보는 느보 산과 다른 성읍의 이름이며 성읍인 느보는 동명이지로 느보 산에 있는 느보2(르우벤; 민 33:47)와 이스라엘에 있는 느보1(유다; 스 2:29; 느 7:33)와 구분된다. 르우벤 지파가 이곳을 재건하여 이름을 고쳤으며, 르우벤 지파의 성읍이 된 곳이다(민 32:38; 대상 5:8). 이곳은 이사야가 모압의 심판을 예언할 때 메드바와 함께 언급한 성읍이며(사 15:2) 예레미야가 모압의 멸망을 예언할 때 이곳이 황폐화될 것을 예언한 곳이다(렘 48:1,22). 느보는 모압 비석에서 메사가 이곳을 점령하고 7,000명을 죽였다고 기록한 곳이다.

키르벳 무카이야트(Kh. Mukhayyat)는 해발 790m에 있는 언덕 위에 있으며 와디 엘 아프리트(Wadi el-Afrit)의 꼭대기에 있다. 이곳에서 초기 청동기 시대의 동굴 무덤과 철기 시대의 요새화된 주거지와 전기·후기 철기 시대, 로마 시대의 토기 조각이 발굴되었다. 비잔틴 시대의 마을과 네 개의 교회, 수도원, 수준 높은 모자이크, 이슬람 시대와 현대의 묘지가 있다. 그 밖에 동굴, 포도주 틀, 저수조, 바위 무덤이 발굴되었다. 고대에 이 지역은 삼림, 와디, 계곡들로 덮여 있었고 온화한 기후와 비옥한 토양으로 상당량의 곡식과 과일이 생산됐고 많은 가축을 먹이기에 충분했다고 추정된다.

▲St. Lot and Procopius 교회 바닥의 모자이크

▲키르벳 무카이야트의 전경

# 느보 산 Mount Nebo (הַר־נְבוֹ)

## 라스 엘 시야가(Ras el-Shiyaga)　　　　31° 46′ 05.10″N 35° 43′ 31.09″E

모세가 가나안 복지를 바라보았던 느보 산(신 32:49)과 관련된 성경의 지명은 느보 산, 느보, 비스가 산, 아바림 산이 있다. 느보는 느보 산과 다른 성읍의 이름이며 느보는 느보 산에 있는 느보2(르우벤; 민 32:3; 33:47)와 이스라엘에 있는 느보1(유다; 스 2:29; 느 7:33)와 구분된다. 모세 기념교회가 있는 라스 엘 시야가(Ras el-Shiyaga) 를 일반적으로 느보 산이라고 부른다(신 32:49; 34:1). 느보 산, 아바림 산, 비스가 산의 정확한 위치를 확정할 수는 없으나 세 곳을 같은 곳으로 추정하면 세 곳을 이명 동지로 볼 수 있다. 일반적으로 느보 산이라고 부르는 이 지역은 뚜렷이 구분되는 세 곳의 높은 지점이 있다. 이 지역에서 제일 높은 해발 835m의 봉우리를 느보 산(Mount Nebo)이라는 뜻의 '자발 느바(Gabal Neba)' 라고 부르지만 이곳은 고고학적인 관심을 끌지 못하고 제일 높은 곳이라는 의미만 있는 장소이다. 이 지역의 남동쪽 해발 790m의 언덕인 키르벳 무카이야트(Khirbet Mukhayyat)가 있는데 이곳 비스가로 볼 수 있는 좋은 후보 지였으나 느보2(르우벤) 성읍으로 추정된다. 이 지역의 북서쪽에 있는 해발 710m의 산봉우리를 시야가(Shiyagha) 라고 부르는데 이곳이 비스가로 추정되는 가장 좋은 장소이다. 대부분의 학자들은 시야가(Shiyagha)를 비스가로 추정하였다. 이곳을 비스가로 보는 이유는 성경의 내용과 일치하기 때문이다.

비스가는 여리고 맞은편에 있으며(신 34:1) 비스가 산기슭이라는 기록처럼 사해의 동쪽 경사지에 있었다(신 3:17; 4:49; 수 12:3). 비스가는 광야가 내려다보이는 높은 고지였기에 사해의 북쪽과 여리고 동쪽에 있는 곳이었다(민 21:20). 이곳에서 모세가 가나안 땅을 바라보기도 했지만 모압 왕 발락이 이스라엘을 저주하라고 발람을 데리고 갔던 곳이기도 했다(민 23:14). 이곳은 키르벳 무카이야트(Khirbet Mukhayyat)가 있는 곳과 함께 가장 전망이 좋은 곳이다. 이곳에서 남쪽으로는 사해와 유대 광야, 서쪽으로는 여리고가 있는 요단 계곡, 베들레헴, 예루살렘이 있는 유대, 사마리아 산지가 보인다. 북쪽으로는 라맛 미스베가 있는 와디 엣 시르(Wadi es-Sir)까지 보인다. 초대 기독교의 전통은 이곳을 비스가로 보고 있다. 그뿐 아니라 시야가를 비스가로 보는 4세기 때 초대 기독교는 교회와 수도원을 이곳에 건축하였다. 6세기 때에 모세를 기념하는 바실리카(Basilica)로 지어졌고 프란치스코 수도사들에 의해 복원되어 지금은 프란치스코 교회와 수도원이 되었다. 이곳에서 로마 시대의 탑과 무덤이 발굴되었으며 초기 · 후기 비잔틴 시대의 교회와 수도원, 모자이크, 교회 내의 무덤과 헬라 비문이 발굴되었고 아랍 시대의 교회 터도 발굴되었다.

모세 기념교회 앞에는 이탈리아의 조각가인 지오바니 판토니(Giovanni Fantoni)의 작품이 있는데 뱀에 물린 이스라엘 백성을 살린 놋 뱀과 예수 그리스도의 십자가를 조화시킨 뛰어난 작품이다. 이곳은 사해에서는 동쪽으로 약 13km, 메드바에서는 서쪽으로 약 7km에 위치하며 북서쪽으로는 모세의 우물이 있는 와디 아윤 무사(Wadi Ayun Musa)가 흐른다. 마지막으로 아바림 산을 어디로 볼 것인가 하는 문제가 있다. 성경에는 아바림 산이 느보(성읍)앞에 있다고 하였고(민 33:47) 다른 곳에서는 아바림 산과 느보 산이 나란히 있는 장소에 있다고 하였다(신

32:49). 아바림 산은 느보 산과 같은 곳이거나 느보 산의 어느 지점으로 추정하며 아바림을 이 지역에 있는 작은 산맥으로 추정하기도 한다(신 32:49).

가나안이 바라보이는 곳에
세워진 판토니의 작품인
놋뱀과 십자가▶

◀로마 시대의 이정표
(Mile Stone)

출애굽한 이스라엘 백성들이 나할리엘을 지나 모압 들에 있는 골짜기로 가기 전에 머물렀던 곳으로 광야가 보이는 비스가산 꼭대기 근처에 있는 곳이다(민 21:19, 20). 성경에서는 바못(민 21:19, 20)과 바못 바알(수 13:17)로 기록되어 바못과 바못 바알은 이명동지이다. 바알의 산당(민 22:41)은 바못 바알에 있었던 것으로 보이므로 바못과도 같은 곳이다(민 22:41).

바못 바알은 헤스본 평지에 있는 성읍들과 같이 르우벤 지파에게 할당되었다(수 13:17). 모압 왕 발락이 이스라엘 백성을 저주해 달라고 선지자 발람을 데리고 간 바알 산당(The high places of Baal)이 바못 바알이다(민 22:41). 발람은 이곳에서 이스라엘 백성을 멀리서 바라보았다. 메사의 모압 석비에 기록된 바못은 바못 바알을 가리키는 것으로 추정된다. 바못은 느보산 남쪽에 있는 키르벳 엘 쿠베이지예(Khirbet el-Quwaijiya)로 추정된다. 이곳은 성서에서 기록된 지리적인 조건과 일치하는 조건을 가지고 있으나 고고학적인 증거는 부족하다. 바못은 느보 성읍으로 동일시되는 키르벳 무가야트(Khirbet Mukhyyat)에서 남쪽으로 약 2.4km 떨어져 있어 느보 산 일대가 잘 보인다. 이곳은 메드바 북서쪽으로 약 5km 정도 떨어져 있는 해발 760m의 위치에 있으며 이 언덕의 정상에는 우물이 있고 고대의 유적도 있다.

◀바못에서 바라본
비스가(느보산)

키르벳 엘 쿠베이지예
정상의 우물▶

# 벳브올 Beth-peor (בֵּית פְּעוֹר, 브올의 집) /벧브올/바알 브올/브올

모세가 장사된 골짜기의 맞은편에 있는 곳(신 4:46)으로 르우벤 지파에게 할당된 모압의 성 읍이다(수 13:20). 이스라엘 족속은 벳 브올 맞은 편 골짜기에 진을 쳤다(신 3:29).

벳브올은 성경에서 이명동지로 벧브올(신 3:29; 34:6; 수 13:20), 브올(민 23:28), 바알브올(신 4:3; 호 9:10)로 기록된 장소이다. 벧브올은 개역한글판에서 벧브올로 번역되었으나 개역개정 판에서 모두 벳브올로 번역되었다.

모세가 느보 산에서 모든 땅을 내려다 본 후에 매장되었던 장소가 바로 이곳 벳브올 맞은편 모압 땅에 있는 골짜기이다. 모세는 이곳에서 율법을 선포했다(신 4:46). 모압 왕 발락은 선지 자 발람을 광야가 보이는 이곳으로 인도하였다(민 23:28). 이스라엘 사람들이 싯딤에 있을 때 모압 여자들과 같이 그들의 신에게 절하였다가 심판을 받았는데 그들의 신이 브올 지방의 바알 신이었다(민 25:3,5; 신 4:3).

벳브올은 비스가 산기슭과 벧여시못과 가까운 지역에 있었으며(수 13:20) 모세가 장사된 곳 의 맞은편에 있었다(신 34:6). 유세비우스는 벧브올이 여리고 맞은편에 위치하며 벧하람에서 6 마일 떨어져 있다고 했다. 벳브올로 추정되는 지역은 비스가 산 북쪽에 있는 키르벳 아윤무사 (Kh. Ayoun Musa)과 키르벳 엘 마하타(Khirbet el-Mahatta)이다.

▲모세의 우물

## 벳브올 [-1]

키르벳 아윤무사(Khirbet Ayoun Musa)  31°46′36.89″N 35°44′25.13″E

비스가 산 옆에 있는 키르벳 아윤무사(Kh. Ayoun Musa)는 아윤무사의 옆에 언덕이다. MEGAJordan 에서는 키르벳 아윤 무사와 북쪽에 있는 텔 메시헤드를 구분해 놓고 있으나 키르벳 아윤 무사에서는 약간의 토기만 발견되었고 뚜렷한 유적은 발견되지 않았다. 이곳과 연결되어 있는 북쪽에 있는 텔 메시헤드에서는 탑, 성벽, 건물, 요새의 유적이 있다. JADIS 에서는 이 지역을 키르벳 아윤무사(Kh. Ayoun Musa)로 기록하고 있다. 이곳에서는 초기 청동기,철기, 헬라, 로마, 비잔틴, 후기 오토만 시대의 토기가 발견되었다. 이곳에서는 시대가 확인되지 않은 동굴, 탑, 건물 요새, 성벽이 발견되었다.

# 벳브올 -2
## 키르벳 엘 마하타(Khirbet el-Mahatta)

31° 47′ 53.76″ N   35° 43′ 22.44″ E

키르벳 엘 마하타(Khirbet el-Mahatta)는 시야가에서는 북서쪽으로 약 3.5km 지점이고, 헤스본에서 서쪽으로 10km 지점에 있는 해발 471m 지점에 있다. 이곳은 산마루에 있어 시야가가 올려다 보이는 곳에 있으며 모압 평지와 요단 강 건너편의 가나안 땅이 잘 보이는 곳에 위치해 있다. 이곳에서 후기 철기, 페르시아, 헬라, 로마, 비잔틴, 마믈룩 시대까지의 토기가 발견되었으며 시대가 확인되지 않은 주거지의 유적이 있다. 이곳은 모압 평지와 연결되는 로마 시대의 도로가 지나가는 곳에 위치하고 있기에 가까운 곳에서 로마 시대의 이정표(Mlilestone)가 발견되었다.

성서지도의 발견으로 유명해진 평지에 있는 모압의 성읍이다. 메드바는 아르논과 헤스본 사이에 있는 평원(Mishor; 신 3:10)의 중심지에 있으며 아모리 왕 시혼의 성읍이었는데 이스라엘이 빼앗아 르우벤 지파의 영토가 되었다(민 21:30; 수 13:9,16). 이곳은 조문 사절을 모욕하여 일어난 다윗과 암몬의 전쟁이 있었던 곳이다(대상 19:7). 메드바는 이사야가 모압의 멸망을 예언할 때 느보와 같이 언급되었던 성읍이었다. 메사의 모압 석비에 의하면 이곳은 북 이스라엘 왕국의 오므리 왕과 그 아들 아합의 치세 40년 동안 북이스라엘이 지배하고 있었는데 메사가 이를 탈환하였다고 한다.

이곳의 주변 지역은 비옥한 토양의 고원 지대이므로 이스라엘과 모압이 각각 소유권을 주장하였던 지역이다. 이런 이유로 두 나라 사이에는 정치적 갈등이 계속되었다. 성경 시대의 메드바는 현대 도시 메드바의 중앙에 자리 잡고 있다. 1970년대와 1980년대에 메드바에서 대규모 발굴이 이루어졌다.

1991-1992에 피시릴로(Piccirillo)의 감독으로 이루어진 발굴은 마리아 교회와 히폴리투스 홀 근처에 있는 로마 거리에서 이루어졌다. 1992-1993년에는 렌젠(Lenzen)이 엘리야 선지자 교회와 거리를 발굴하여 5세기 후반과 6세기 초에 남북으로 이어진 도로가 교회를 짓기 위해 좁아졌음을 밝혀냈다. 도로의 동쪽에서 발견된 궁전은 7세기 중반에 지어진 것이다. 토론토 대학의 헤리슨(Harrison)에 의해 1995년 메드바 발굴을 위한 프로젝트가 시작되었고 서쪽 아크로폴리스를 주로 발굴했다.

이곳에서 후기 청동기, 전기 철기 시대의 무덤이 발굴되었고, 나바티안, 로마 시대의 주거지가 발굴되었다. 비잔틴 시대의 교회, 저수조, 모자이크와 헬라 비문이 발굴되었고 아랍 시대의 신전, 모자이크, 오토만 시대의 마을이 발굴되었다. 서기 6세기경 이곳에 세워진 비잔틴 교회 바닥에서 발견된 모자이크로 만든 성지 지도는 성서지리를 이해하는데 큰 도움을 주는 유명한 지도이다. 자연석을 이용한 이 지도는 훼손되어 원래 크기의 일부분만 남아 있다. 남아 있는 지도는 폭 5m, 길이가 10.5m이고 넓이는 약 30㎡이다. 많은 사람들이 이 도시를 모자이크 도시라고 부르게 되었다.

메드바는 747년 지진으로 폐허가 되었다가 1880년 길하레셋(케락 성)에서 핍박을 피해온 2,000명의 기독교인들에 의해 다시 개발되었다. 메드바는 사해에서 동쪽으로 20km 지점에 있고, 암만에서 남서쪽으로 30km 떨어져 있으며, 해발 780m의 고원에 있다.

▲성 조지 교회

▲모자이크로 된 성지 지도

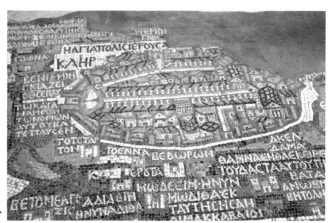

예루살렘 지도▶

르우벤 지파가 헤스본, 엘르알레, 기랴다임, 느보, 십마와 같이 세운 성읍으로 르우벤 자손 벨라가 살던 지역에 포함되었던 곳이다(민 32:38; 대상 5:8). 바알므온(Baal-Meon)은 이명동지로 성경에 벧 바알 므온(수 13:17), 브온(민 32:3), 벧 므온(렘 48:23)으로 기록된 곳이다. 바알므온은 헤스본 주위 평지에 있었던 성읍으로 에스겔이 멸망을 예언했던 벧여시못, 기랴다임과 같은 모압의 자랑거리였던 성읍이었으며(겔 25:9), 예레미야가 멸망을 예언했던 성읍이었다(렘 48:23).

메사의 석비에 의하면 메사의 비석에 바알므온을 세운 메사가 바알므온 성읍 안에 저수지를 만들었다고 기록되어 있다. 바알므온은 메드바에서 남서쪽으로 9km 떨어진 현대 마을 마인(Main)에 있는 키르벳 마인(Khirbet Main)으로 추정된다. 이곳이 바알므온으로 추정되는 이유는 이름이 보존되어 있기 때문이지만 고고학적인 증거는 없다.

이곳에서 나바티안 시대의 주상이 발견되었고 비잔틴 시대의 주거지와 교회, 포도주틀, 모자이크와 아랍 시대의 교회, 모자이크도 발견되었다.

▲현대마을 마인

키르벳 마인의 유적▶

가나안으로 가기 전에 모세가 말씀을 전했던 곳이다. 숩은 가나안에 들어가기 위해 기다리고 있는 이스라엘 백성에게 모세가 요단 강 동쪽의 광야에서 하나님 말씀을 선포한 곳이며 요단 계곡 가까이에 있다.

그 주위에 바란, 도벨, 라반, 하세롯, 디사합이 있었다(신 1:1). 성경에서 숩1(에브라임  Zuph 삼상 1:1)과 숩2(출애굽)과 동명이지로 보이지만 히브리어로는 다른 지명이다. 이곳이 어디인지는 확실하지 않지만 무실(Musil)은 메드바 남동쪽에 있는 키르벳 수파(Kh. Sufeh)로 제안한다. 이곳은 메드바에서 남동쪽으로 약 6km 떨어진 곳에 있는 해발 745m의 높이에 있는 지역으로 나바티안, 로마, 비잔틴 시대의 유물이 발굴되었으며 성벽의 기초가 발견되었다.

▲키르벳 수파와 묘지

▲키르벳 수파의 옛 거주지 유적

## 알몬디블라다임 Almon-dibiathaim (עַלְמֹן דִּבְלָתָיְמָה 숨겨진 두 떡덩이)

출애굽한 이스라엘 민족이 이예아바림과 이임을 떠나 디본갓에 머무르다가 도착한 곳으로 모압에 속한 성읍이다(민 33:46,47). 알몬 디블라다임은 벧 디불라다임(렘 48:22)과 이명동지이다. 이곳을 떠난 이스라엘 민족은 느보 앞에 있는 아바림 산에 머무르다가 모압 평지로 갔다. 예레미야는 모압의 심판을 예언할 때 주위에 있는 다른 성읍들과 같이 이곳도 멸망당할 것이라고 예언했다(렘 48:22).

모압 왕 메사의 석비에는 이곳이 메사가 빼앗은 성읍의 목록으로 기록되어 있다. 알몬 디블라다임은 키르벳 엣 델레이라트 엘 가르비예(Khirbet ad-Deleilat el-Garbiyya)와 키르벳 엣 델레이라트 에쉬 사르기예(Khirbet ad-Deleilat ash-Shargiyya) 추정되는데 그 이유는 민수기에서 나오는 지리적인 조건에 맞는 곳이기 때문이다(민 33:35-49).

## 알몬디블라다임[-1]

### 키르벳 엣 델레이라트 엘 가르비예(Khirbet ad-Deleilat el-Garbiyya) 31°37´08.78˝N 35°47´38.30˝E

이곳은 해발 760m의 언덕 위에 있으며 사람들이 거주하고 있는 마을의 이름을 따라 델레이야트 엘 하마위다(Duleilat el-Hamayida)라고 부르기도 한다. 이곳은 키르벳 엣 델레이라트 엘 사르기에(Khirbet ad-Deleilat el-Shargiyya)와 쌍둥이 텔이라고 할 수 있는 유적으로 키르벳 엣 델레이라트 에쉬 사르끼예(Khirbet ad-Deleilat ash-Shargiyya)라고 불리는 유적지이다. 이곳은 키르벳 엣 델레이라트 엘 가르비예(Khirbet ad-Deleilat el-Garbiyya)에서 남서쪽으로 약 4km 지점에 있다. 이곳은 메드바에서 남쪽으로 약 10.5km 지점에 있다. 이곳에서 전기·후기 철기, 나바티안, 로마, 비잔틴, 이슬람 시대의 토기가 나왔으며 시대가 명확하지 않은 동굴, 성벽 기초, 물 저장소가 이곳에 있다. 이곳은 주위를 살필 수 있는 전망이 좋은 고지에 있어 키르벳 엣 델레이라트 엘 사르기에(Khirbet ad-Deleilat el-Shargiyya)와 비슷한 유적이다.

▼키르벳 가르비예의 우물

▼키르벳 가르비예의 유적

# 알몬디블라다임⁻²

키르벳 엣 델레이라트 엘 사르기예(Khirbet ad-Deleilat el-Shargiyya)　　31°38′20.52″N　35°49′48.35″E

이곳은 키르벳 엣 델레이라트 엘 가르비예(Khirbet ad-Deleilat el-Garbiyya)와 쌍둥이 텔이
라고 할 수 있는 유적으로 키르벳 엣 델레이라트 에쉬 사르기예(Khirbet ad-Deleilat ash-
Shargiyya)라고 불리는 유적지이며, 키르벳 엣 델레이라트 엘 가르비예(Khirbet ad-Deleilat el-
Garbiyya)에서 북동쪽으로 약 4km 지점에 있다. 이곳은 메드바에서 남동쪽으로 약 9km에 있
다. 이곳은 델레이라트 엘 무데라트(Duleilat el-Muterat)라고도 부르는 곳이다. 이곳은 해발

784m 지점에 있으며 키르벳 엣 델레이라
트 엘 가르비예(Khirbet ad-Deleilat el-
Garbiyya)와 비슷한 전망이 좋은 언덕위
에 있다. 이곳에서는 철기, 나바티안, 로
마, 비잔틴 시대의 토기와 시대가 확인되
지 않은 요새화되지 않은 거주지, 동굴,
성벽의 기초, 저수조가 발견되었다. 이곳
은 민수기에서 나오는 지리적인 조건에
맞는 곳이기 때문이다(민 33:35-49).

## 나할리엘 Nahallel (נַחֲלִיאֵל 하나님의 골짜기)
### 와디 제르카 마인(Wadi Zarqa Main)

이스라엘 백성이 지나갔던 온천 지대로 '하나님의 계곡'이란 뜻(민 21:19)이 있다. 이곳은 어떤 성읍이기보다는 계곡이나 와디로 보는 편이 정확하다. 학자들에 의하여 이곳은 와디 제르카 마인(Wadi Zarqa Main)으로 추정된다. 호리 족속이 발견한 온천은 이곳을 가리킨다(창 36:24). 이스라엘 백성이 지나간 지역을 고려하면 이곳은 아르논과 모압 평야 사이에 있어야 한다.

이곳은 아르논에서 북쪽으로 29km의 지점에서 사해와 연결된다. 와디 자르카 마인에서 사해로 흘러가는 곳에서 5km 전에 함마마트 마인(Hammamat Main)이라 부르는 온천 지대가 있다. 온천수가 폭포가 되어 흐르는 야외 온천이다. 이 지역을 아름다운 물들이라는 뜻인 칼릴로에(Callirrhoe)라고 부르기도 한다. 이 지역에는 60개가 넘는 온천들이 있는데 가장 뜨거운 온천이 62℃ 정도이다. 요세푸스의 기록에 의하면 헤롯 대왕이 병을 치료하기 위하여 이곳에 왔다고 한다. 고고학자들은 초기 로마 시대에 건설된 헤롯의 궁궐을 발견했는데 주후 70년의 유대 혁명 때 파괴된 것으로 보인다. 이곳에는 사해를 건널 때 사용하기 위해 헤롯 대왕이 건설한 항구가 있는데 이곳을 엘 자라트(el-Zarat)라고 한다. 엘 자라트는 세렛사할로 추정된다.

◀온천수 폭포▶

# 세렛 사할 Zereth Shahar (צֶרֶת הַשָּׁחַר 찬란한 새벽)

엘 자라트(el-Zarat)

31° 35′ 50.51″ N  35° 33′ 34.41″ E

모세가 르우벤 지파에게 준 성읍으로 모압 지역에 있으며 성경에 한 번 기록되었고 십마와 벳 브올 부근에 있었다(수 13:19). 세렛 사할은 골짜기의 언덕에 있는 곳으로 세렛 사할은 염해 (사해)의 동쪽 해변에 있는 엘 자라트(el-Zarat)로 추정된다. 엘 자라트는 나할리엘(민 21:19)로 추정되는 와디 자르카 마인(Wadi Zarqa Main)의 입구에 있으며 고대 온천인 칼릴로에 (Kallirrhaoe) 가까이에 있다. 이곳의 온천은 치료 효과가 뛰어난 곳이었다. 헤롯 대왕이 죽기 직전에 이곳에 들렀다고 기록됐다. 1986년과 1989년의 발굴 결과로 주전 1세기 말에서 주후 1세기 말에 사용되었던 하스모니안과 헤롯 왕조의 궁전 건물로 추정되는 건물이 발견되었다. 그 뿐 아니라 로마 시대의 주거지가 발견되었고, 초기 비잔틴 시대에도 사용되었다.

▲엘 자라트(el-Zarat)

## 마케루스 Mekawer  옥 prison (φυλακη 감옥)
무카위르 (Mekawir)  31° 34′ 02.65″N 35° 37′ 27.85″E

세례 요한이 갇힌 옥(獄)으로 알려진 마케루스(Marchaerus)는 헤롯 대왕의 궁전으로 건설된 곳이다(마 14:3). 이곳은 아랍 지명이 고고학 답사에 얼마나 중요한지를 가르쳐 주는 본보기가 되기도 한다. 세젠(Seetzen)은 1802년에 아랍의 마을 이름 무카위르 (Mekawir)에서 마케루스(Macherus) 요새를 알아냈다. 마케루스 가까이에 무케위르 마을이 자리 잡고 있었다. 하스모니안 왕조의 알렉산더 안네우스(주전 103-76년)는 자신의 영토를 보호하기 위해 요새를 세웠고, 로마가 이곳을 정복하였으며 폼페이우스가 주전 67년에 파괴시켰다. 헤롯대왕은 전략적으로 중요한 이곳에 궁전을 재건하였다. 세례요한은 헤롯 안티파스의 결혼을 반대한 것 때문에 이곳에 갇혔다가 참수형을 당했다(마 14:3; 막 6:17; 눅 3:19). 이곳은 주후 66년에 있었던 유대인 반란의 근거지가 되었으며 예루살렘 멸망 후 로마에 대한 저항 운동의 근거지가 되었기에 로마는 주후 72년에 이곳을 공격하여 파괴하였다.

마케루스(Macherus)는 언덕 정상에 위치한 면적이 9,000㎡에 이르는 유적지이다. 이곳에서 헬라 시대의 요새, 궁궐, 저수조가 발굴되었다. 이곳은 초기 로마 시대의 요새와 궁궐, 수로, 저수조, 목욕탕이 남아있고 복원사업이 시작되었다. 이곳은 나할리엘로 추정되는 와디 자르카 마인(Wadi Zarqa Main)과 아르논 골짜기 사이에 자리 잡고 있으며 해발 693m의 고지에 있어 사해 지역을 통제할 수 있는 위치에 있다. 사해에서 동쪽으로 약 7km 정도 떨어져 있고 메드바에서 남서쪽으로 약 20km 떨어진 곳에 위치한다.

▲ 마케루스의 유적

▲사해와 마케루스 전경

# 아다롯 ² 갓 Ataroth (עֲטָרוֹת 왕관들)

키르벳 아타루스(Khirbet Ataruz)   31° 34′ 27.52″N  35° 39′ 53.92″E

아모리의 땅이었으나 르우벤 지파와 갓 지파가 모세와 제사장 엘르아살과 족장들에게 자신들의 소유로 주기를 요청했으나 갓 지파의 소유가 된 성읍이다(민 32:3,34). 아다롯은 동명이지로 아다롯1(에브라임; 수 16:2,7)과 아다롯2(갓; 민 32:34)가 있다. 이곳은 디본, 아로엘, 아다롯 소반과 가까운 지역에 있었다. 이 성읍은 아르논 강의 북쪽에 위치하고 있었던 성읍이다. 메사 석비에서는 이곳이 이스라엘 왕이 자기를 위하여 만든 성이었는데 메사가 이곳을 정복하였다고 기록되었다. 아다롯이라는 지명은 아랍어의 키르벳 아타루스(Khirbet Ataruz)와 루즘 아타루스(Rujm Atarus)에 보존되어 있기에 키르벳 아타루스(Khirbet Atarus)를 아다롯으로 보고 있다. 아다롯 가까이에는 아다롯 소반의 추정지인 루즘 아타루스(Rujm Atarus)가 있다. 이곳은 루즘 아타루스(Rujm Atarus)에서 남서쪽으로 약 2.7km 떨어진 곳에 있다. 야하스로 추정되는 립(Libb)에서 마케루스로 가는 길에 있다.

이곳은 해발 720m의 전망이 좋은 언덕 위에 있다. 이곳에서는 철기, 헬라, 나바티안, 로마, 비잔틴, 이슬람 시대까지의 토기 조각이 출토되었고 근대의 무덤이 있다. 그 밖에 시대가 명확

하지 않은 돌무더기와 성벽 기초가 남아 있다. 최근의 발굴에서 동쪽 지역에서 신전과 성소가 발견되었다.

▲키르벳 아타루스의 유적

▲키르벳 아타루스의 정상

**146** 요르단의 성지

## 아다롯 소반 Atroth Shophan (עֲטְרֹת שׁוֹפָן 소반의 왕관들)
루즘 아타루스(Rujm Atarus)                    31˚35′29.15″N 35˚41′11.11″E

아다롯을 지켜주는 요새인 아다롯 소반은 성경에 한 번 언급된 곳으로 갓 지파가 시혼에 게서 빼앗은 영토에 세운 목록에 있는 성읍이다(민 32:35). 이곳은 더 큰 성읍인 아다롯(Ataroth)을 보호하기 위한 목적으로 세워진 곳으로 보기에 아다롯보다 더 높은 곳에 있는 루즘 아타루스(Rujm Atarus)로 추정되고 있다. 키르벳 아타루스는 해발 720m에 있으나 루즘 아타루스는 키르벳 아타루스 보다 더 좋은 위치인 해발 754m에 위치해 있다. 이곳은 아다롯의 추정지인 키르벳 아타루스(Khirbet Atarus)에서 북동쪽으로 2.7km 떨어진 곳에 있다.

이곳은 키르벳 아타루스와 함께 아다롯의 이름을 지명 속에 가지고 있으며 철기 시대의 요새가 자리 잡고 있기에 아다롯 소반으로 추정되었다.

이곳에서는 철기 시대의 토기조각, 요새, 저수조와 로마 시대의 토기가 발견되었다. 이곳은 길이가 19m이고 너비가 18m로 면적이 342㎡의 크기인 요새이다.

▲루즘 아타루스의 전경

▲루즘 아타루스의 유적

## 야하스 Jahaz (יָהַץ 타작 마당) /야사

    아모리 왕 시혼이 이스라엘 백성이 통과하는 것을 저지하기 위해 군사들을 총동원하여 이스라엘과 전투했으나 패전한 곳이다(민 21:23; 신 2:32; 삿 11:20). 이 전투의 결과로 이스라엘 백성은 암몬의 영토를 제외한 아르논 강에서부터 얍복 강까지의 영토를 확보하게 되었다. 야하스(Jahaz)는 성경의 야사(대상 6:78; 렘 48:21)와 이명동지이다. 이사야는 모압의 심판을 예언할 때 헤스본과 엘르알레에서 부르짖는 소리가 멀리 있는 야하스까지 들려서 모압의 군사들이 두려워할 것이라고 선포하였다(사 15:4).

    예레미야도 모압의 심판을 예언할 때 헤스본과 엘르알레의 부르짖는 소리가 야하스까지 들릴 것이라고 선포 하였다(렘 48:21,34). 메사 석비에 의하면 메사는 이스라엘 왕이 머무르고 있는 야하스를 모압 군사 200명으로 공격하여 디본 지역에 예속시켰다고 한다. 야하스는 매우 중요한 성읍이지만 정확한 장소를 추정할 수 없기에 학자들마다 다르게 추정되며, 모압 지역에 추정 지역이 많은 곳이다.

    야하스로 추정되는 곳은 키르벳 립(Khirbet Libb), 키르벳 이스칸데르(Khirbet Iskander), 키르벳 에르 르메일(Khirbet er-Remeil), 키르벳 엘 므데이나(Khirbet el-Medeineh), 키르벳 엘라이얀(Khirbet Aleiyan), 텔 잘룰(Tell Jalul)이다.

    키르벳 엘 므데이나는 맛다나의 추정지이기에 맛다나를 보고, 키르벳 엘라이얀은 그리욧의 추정지이기에 그리욧을 보며, 텔 잘룰은 베셀의 추정지이기에 베셀-2를 보라.

## 야하스[-1]

키르벳 립(Khirbet Libb)　　　　　　　　　　31° 36′ 22.75″N 35° 45′ 40.46″E

왕의 대로가 지나가는 중요한 지역에 위치한 곳으로 해발 711m의 고지대에 있다. 이곳에서는 전기 · 후기 철기, 나바티안, 로마, 비잔틴, 이슬람 시대의 토기조각이 출토되었고 시대가 명기되지 않은 거주지, 동굴, 저수조가 있다.

# 야하스⁻²

키르벳 이스칸데르(Khirbet Iskander)

31°33′24.07″N 35°46′17.54″E

왕의 대로로 추정되는 트라얀 대로(Via Traiana Nova) 가까이에 있어 야하스로 추정되는 곳이다. 이곳은 아카바와 다메섹을 이어주는 교역로에 있기에 전략적으로 중요한 위치에 있다. 이곳의 골짜기에 메드바와 디본을 연결하는 다리가 있다. 이곳은 와디 엘 왈라(Wadi el-Wala)의 북쪽 언덕에 자리잡고 있다. 키르벳 이스칸데르는 고고학적인 조사가 잘된 곳이다. 이곳은 해발 450m 높이에 있으며, 지형적으로 경사지에 돌출된 언덕의 정상에 있어 주위보다 20m 정도 높고 자연적인 요새로 자리 잡고 있다. 이곳은 시내가 있는 좋은 여건 때문에 이곳에서 석동기, 청동기 시대의 토기 조각이 발굴되었다. 또한 초기 청동기 시대의 토기, 요새 거주지, 묘지들이 발굴되었다.

▲와디 엘 왈라와 키르벳 이스칸데르의 전경

▲키르벳 이스칸데르의 유적

이곳은 와디 자파란(Wadi Zafaran)과 브엘로 추정되는 와디 엣 테메드(Wadi eth-Thamad) 사이에 삼면이 와디로 고립된 해발 510m의 언덕 위에 있는 성읍이기에 요새로서 적합한 곳이다. 이곳 가까이에 있는 더 큰 주거지로 맛다나로 추정되기도 하는 키르벳 엘 무데이나(Kh. el-Medeineh)와는 어떤 관계였는지는 알 수 없다. 키르벳 엘 무데이나(Kh. el-Medeineh)는 이곳에서 북동쪽으로 약 3.5km 지점에 있다. 이곳은 그데못으로도 추정되는 철기 시대의 요새이다. 이곳에서 전기 · 후기 철기, 페르시아 시대의 토기 조각과 철기 시대의 요새화된 주거지가 발굴되었고 로마 시대의 탑이 발견되었다.

▲키르벳 르메일의 성채

▲키르벳 르메일의 전경

# 그데못 Kedemoth (קְדֵמוֹת 최초)

헤스본 왕 시혼에게 통과하기를 요청하였다가 모세가 거절당한 곳으로 그 부근의 지명을 그데못 광야라고 하였다(신 2:26). 이곳은 아르논 강 가까이 있었으며 사막에 가까운 동쪽에 위치했던 곳이다. 이곳은 이스라엘에게 정복되어 레위 지파의 므라리 자손에게 주어진 르우벤 자손을 위한 성읍이었다(수 21:37; 대상 6:79). 이곳은 야하스와 메바앗 부근에 있었던 성읍으로 보인다. 그데못이 있었던 지역을 추정하는 것은 쉬우나 정확하게 어느 곳인지를 밝혀내는 것은 어려운 일이다. 이 지역에 있는 성읍들을 추정하는 일은 학자들에 따라 서로 달라서 매우 복잡하다. 그데못에 대한 추정은 불확실하지만 학자들은 네 곳을 그 추정지로 보고 있다. 까스르 아즈 자페란(Qasr az-Zaafaran), 카스르 쌀리야(Qasr Saliyah), 키르벳 엘 루메일(Khirbet er-Rumeil), 키르벳 엘라이얀(Khirbet Aleiyan)이다. (키르벳 엘라이얀은 그데못과 야하스와 그리욧으로도 추정되는 곳이기에 그리욧을 보고, 키르벳 엘 루메일은 그데못과 야하스로 추정되는 곳이기에 야 하스를 보라.)

▲밀을 재배하는 요르단의 농부들

# 그데못 <sup>-1</sup>

카스르 아즈 자페란 I (Qasr az-Zaaferan)                    31° 36′ 56.18″N  35° 52′ 17.81″E

그데못 추정지 중에서 가장 북쪽에 위치한 곳이며 세 개로 구분하는 유적으로 이루어져 있다. 카스르(Qasr)는 아랍어로 성을 나타내는 말이다. 이 지역은 해발 700m의 평원에 있으며 카스르 아즈 자페란 I 과 자페란II과 자페란은 약 100m 정도 떨어져 있다. 카스르 아즈 자페란 I은 전기 · 후기 철기 시대, 나바티안 시대, 로마 시대의 토기 조각이 출토되었고 로마 시대의 요새가 남아 있다. 북쪽으로 100m 떨어진 자파란II는 가까이 있기에 같은 유적지로 볼 수 있다. 이곳에서는 전기 · 후기 철기 시대, 나바티안 시대, 비잔틴 시대의 토기 조각이 출토되었고 나바티안 시대의 요새가 남아 있다. 남쪽으로 약 100m 떨어진 곳에 있는 자페란에서도 토기가 발견되었고 요새의 유적도 발견되었다.

▲자페란 성의 전경

▲자페란 성

# 그데못 <sup>-2</sup>

## 카스르 쌀리야(Qasr Saliyah)

31°27′11.17″N 35°56′07.63″E

카스르 쌀리야는 해발 810m의 언덕 위에 있으며 추정 장소 중에서 가장 남쪽에 있기에 그데 못의 가장 유력한 추정지이다. 카스르 쌀리야(Qasr Saliyah)는 넓은 광야에 있으며 디본의 남동 쪽으로 약 18km 떨어져 있고 왕의 큰 길에서는 동쪽으로 약 13km 지점에 있다. 이곳은 480㎡ 의 넓이를 가진 유적지로 이 부근에서 가장 전망이 좋은 언덕 위에 있다. 이곳에서는 철기 시대 로부터 나바티안, 로마, 비잔틴, 마믈룩, 오토만 시대의 토기 조각이 출토되었고 그 밖에 시대 구분이 어려운 마을과 요새, 저수조가 발견되었다. MEGAJordan에 기록된 좌표가 있는 지역에 는 유적이 있는 것을 발견하지 못하였다.

◀카스르 쌀리야에 사는 노인

▲카스르 쌀리야의 전경

요르단의 성지 **153**

출애굽한 이스라엘 백성이 아르논 강을 건너 우물물이 솟아나는 브엘을 떠나 도착한 곳으로, 나할리엘로 가기 전에 머물렀던 곳이다(민 21:18,19). 브엘에서 하나님께서 주신 물을 얻고 기뻐 노래하던 이스라엘 백성이 맛다나에 도착한 것을 보면, 이곳은 아르논 북쪽 편에 있었으며 브엘과 디본 부근에 있었다. 맛다나는 브엘로 추정되는 와디 에트 테메드(Wadi eth-Themed)의 왼쪽 언덕 위에 있는 키르벳 엘 무데이나일 가능성이 높다. 이곳은 유세비우스(Eusebius)가 맛다나가 메드바 남동쪽으로 19.2km 떨어져 있다고 한 것과 일치한다. 키르벳 엘 무데이나(Kh. el-Medeineh)는 해발 629m의 언덕 위에 있으며 유적은 6,500㎡의 크기이다. 글룩은 이곳에서 철기 시대의 도기 조각들을 발견했으며 언덕을 둘러싸고 있는 도랑과 언덕 위의 성벽의 흔적도 발견했다고 기록했다. 이곳에서 발견할 수 있는 고고학적인 증거는 전기 · 후기 철기 시대의 거주지이다. 이곳을 야하스로 보는 견해도 있으나 야하스의 추정지는 너무 많기 때문에 설득력이 없다.

◀키르벳 무데이나
정상의 유적

브엘에서 본
키르벳 무데이나▼

## 브엘[2] 모압 Beer (בְאֵר 우물, 샘) /브엘엘림
와디 엣 테메드(Wadi eth-Themed)

출애굽한 이스라엘 백성이 북상하다가 알몬 디블라다임 근처에 있는 이곳에 도착했을 때 하나님은 모세에게 이스라엘 백성을 모으게 하신 후에 물을 주신 곳이다(민 21:16,17). 이 우물은 족장들과 백성의 귀인들이 판 것이다(민 21:18). 하나님께서 물을 주셨기에 이스라엘 백성은 기뻐하며 노래를 불렀다. 이사야가 모압의 심판을 예언할 때에 심판당한 모압 사람들의 곡하는 소리가 들린다고 했던 브엘엘림과 이명동지이다(사 15:8).

이곳은 요담이 도망갔던 브엘1(그리심 산)과는 다른 동명이지이다(삿 9:21). 브엘은 '우물'이란 뜻을 가졌기에 장소를 찾는 데는 도움이 되지 못하지만 물이 필요한 이스라엘 백성들이 이곳에 모인 이유를 알게 해준다.

많은 주석자들은 브엘을 와디 엣 테메드(Wadi eth-Themed)로 보고 있다. 이곳은 아르논 골짜기의 북쪽에 있으며 많은 사람들이 먹을 만한 물을 충분히 공급할 수 있었던 곳이며 맛다나(Khirbet el-Medeineh)가 와디 엣 테메트 옆에 자리잡고 있다.

◀와디 엣 테메드

물이 마른 와디 엣 테메드▶

## 기랴다임 [2] 르우벤 Kiriathaim (קִרְיָתַיִם 두 성읍)

### 키르벳 엘 쿠레이야트(Khirbet el-Quraiyat)　　31°32′24.36″N 35°40′58.48″E

고원 지대에 있었던 모압의 성읍으로 르우벤 지파에게 주어진 성읍이다(민 32:37; 수 13:19). 예레미야가 모압의 멸망을 예언할 때 앞으로 수치스럽게 점령될 것을 예언한 성읍이다(렘 48:1,23). 에스겔은 기랴다임이 영화로운 성읍이었으나 심판받을 것을 예언했다(겔 25:9). 엠 족속이 살던 사웨 기랴다임(창 14:5)과 이곳은 동일한 장소일 수도 있다. 기랴다임2(르우벤)과 사웨 기랴다임이 다른 장소이면 성경에는 세 곳의 기랴다임이 존재하는 것이다. 그러나 사웨 기랴다임은 기랴다임2(르우벤) 부근의 평원으로 보인다. 히브리어로 기랴다임은 '두 성읍들'이라는 뜻을 가지고 있다. 기랴다임은 동명이지로 기랴다임1(납달리)와 요단 강 동쪽에 있는 르우벤 지파의 성읍이었던 기랴다임2(르우벤)이 있다(민 32:37; 수13:19). 이곳은 '메사의 석비'에 메사(Mesha)가 건설하였다는 카르야텐으로 기록되어 있다. 이 기록을 보면 메사가 르우벤 지파에게 이 성읍을 빼앗은 것으로 보인다. 기랴다임은 세 곳의 추정지가 있다. 기랴다임 추정지는 키르벳 엘 쿠레이야트(Khirbet el-Quraiyat)와 바못(바못 바알)의 추정지였던 키르벳 엘 쿠웨이지예(Khirbet el-Quwaijiya), 느보2(르우벤)의 추정지였던 키르벳 무카야트(Khirbet Makhayyat)이다.

기랴다임의 추정지인 키르벳 엘 쿠레이야트(Khirbet el-Quraiyat)는 디본에서 북서쪽으로 약 9km, 메드바에서는 남서쪽으로 21km, 아다롯에서 남쪽으로 6km 지점에 있다. 이곳은 기랴다임의 세 곳의 추정지 중에서 가장 남쪽에 있으며 해발 740m의 고지로 동쪽 경사지에 있다. 이곳의 고고학적인 문제는 철기 시대의 유물이 충분하게 발굴되지 않았다는 데 있지만 철기 시대의 유적지로 볼 수 있는 유적도 있다.

글룩(Gluck)은 나바티안 시대, 로마 시대, 비잔틴 시대, 아랍 시대의 토기 조각을 발견했다고 했다. 이곳에는 언덕 위에는 저수조와 포도주 틀이 있는 키르벳이 있고 언덕 아래에는 저수조와 성벽이 있는 유적이 있다(31° 32′ 22.75″N 35° 41 14.63″E).

▲언덕 위에 있는 유적

# 그리욧 Kirioth (קְרִיּוֹת 도시들)

키르벳 알리얀(Khirbet Aleiyan)                    31° 31′ 52.64″N 35° 52′ 49.78″E

예레미야가 모압의 멸망을 예언할 때에 언급한 성읍으로 모압의 고원 지대에 있었다(렘 48:24). 그리욧(Kirioth)은 동명이지로 유다 지파의 남쪽에 있는 하솔이라고 불리기도 하는 그리욧 헤스론이 있다(수 15:25). 아모스도 그리욧이 불로 멸망할 것을 예언했는데 이곳에 궁궐이 있었다(암 2:2). 그리욧은 단수일 때는 만남의 장소의 뜻이고 복수일 때는 도시의 뜻을 가지고 있다. 이 성읍은 메사의 모압 석비에도 기록된 곳이다. 메사는 아다롯의 우두머리인 우리엘을 그리욧에 있는 그모스 앞으로 끌고 갔으며 샤론과 마카롯의 주민들을 이곳에 이주시켰다고 했다. 그리욧으로 추정되는 곳 중에 아다롯 남쪽의 언덕에 있는 엘 큐레이야트(el-Quraiyat)가 있는데 이곳은 기랴다임으로 추정되기도 한다(기랴다임을 보라).

그리욧을 모압의 수도였던 아르(Ar)와 동일시하는 주장도 있다. 그 이유는 이사야와 예레미야에 나온 모압의 목록을 비교하면 아르가 언급될 때는 그리욧이 생략되고 그리욧이 언급될 때는 아르가 생략되기 때문이다. 아르의 추정 지역이 여러 곳인데 디본으로 보는 이론도 있어 그리욧은 디본으로 추정되기도 한다. 그리욧의 추정지로 철기 시대의 성읍이었던 키르벳 엘라이얀(Khirbet Aleiyan)이 있다. 이곳은 해발 690m의 언덕에 있으며 전기·후기 철기 시대와 나바티안 시대의 토기가 출토되었고 그 밖에 시대가 명기되지 않은 성벽과 경작지가 있다.

# 메바앗 Mephaath (מֵיפַעַת 언덕) /므바앗

르우벤 자손에게 분배되었다가 후에 레위 지파의 므라리 자손에게 주어진 성읍으로 그데못과 기랴다임 부근에 있었다(수 13:18; 대상 6:79). 메바앗은 성경에서 므바앗이라고 불리기도 하였기에 메바앗과 므바앗은 이명동지이다(수 21:37). 예레미야는 모압이 심판받을 때 메바앗도 멸망할 것이라고 예언하였다(렘 48:21). 성경에서 메바앗이 평지에 있기에 아르논 강에서부터 헤스본 북쪽 사이에 있을 것이라고 추정한다. 예전에는 암만 남쪽에 있는 텔 자와(Tell Jawa)와 텔 자와에서 남서쪽으로 1.5km 떨어진 곳에 있는 키르벳 네파아(Khirbet Nefaah)로 추정하기도 했으나, 최근에는 많은 학자들이 움 에르 라사스(Umm er-Rasas)를 메바앗으로 추정한다.

## 메바앗⁻¹ Mephaath
움 에르 라사스(Umm er-Rasas)                    31° 29′ 58.68″N  35° 55′ 12.01″E

유세비우스(Eusebius)에 의하면 이곳은 로마 시대에 로마군의 주둔지로 메파아 주둔지(Kastron Mefaa)라고 불렸다. 로마 시대 요새의 유적은 158m×139m의 크기의 규모이다. 이곳은 메드바 남서쪽 30km 지점에 있으며 왕의 대로와 사막 길의 중간 지점에 있다.

이곳은 해발 760m의 고원지대이며 유적지의 면적이 45,000㎡에 이른다. 이곳에서 철기 시대의 토기 조각이 발굴되었으며 후기 비잔틴 시대의 요새, 탑, 교회, 수도원, 저수조, 무덤, 모자이크, 헬라 명각이 발굴되었다. 또한 아랍 시대의 교회와 수도원, 저장소, 모자이크, 아랍 명각, 교회, 모자이크가 발굴되었다. 이곳의 성벽 안에서 4개의 교회 터가 확인되었고 두 곳은 주후 6세기 때의 것으로 보인다. 이곳의 대표적인 유적은 주후 719년에 세워진 스데반 교회(St. Stephen's Church)의 모자이크인데 가건물 안에 보존되어 있다. 모자이크에는 팔레스틴, 이집트, 요르단의 도시들이 기록되어 있다.

▲움 에르 라사스 유적

## 메바앗⁻²

### 텔 자와(Tell Jawa)

31°51′27.14″N 35°55′51.75″E

    텔 자와(Tell Jawa)는 해발 929m의 언덕 위에 있는 유적지이다. 이곳은 발굴이 이루어진 곳으로 초기 청동기와 중기 청3동기의 토기, 중기 청동기의 거주지와 요새가 발견되었다. 이곳에서는 철기 시대의 저수조, 포도주 틀, 거주지, 요새가 발굴되었고 우마야드 시대의 궁전과 거주지와 요새, 아사바드 시대의 거주지와 요새가 발굴되었다. 그밖에 시대가 확인되지 않은 탑, 도울 거주지, 방앗간, 저수조, 무덤이 발견되었고 헬라 시대의 비문도 발견되었다.

▲움 에르 라사스의 성벽

# 디본² 르우벤 Dibon (דִּיבוֹן 갈망) /디본갓

텔 디반(Tell Dhiban)　　　　　　　　　　　31°30′05.90″N 35°46′37.37″E

　　성경에서 디본(Dibon)은 동명이지로서 유다 지파가 살던 디본1(유다 느 11:25)이 있고 모압의 디본2(르우벤)이 있다. 모압의 디본은 이스라엘 백성이 출애굽할 때 지나간 디본갓(민 33:45,46)과 이명동지이다. 아모리 왕 시혼은 모압에게서 이들 지역을 빼앗았다(민 21:26). 시혼의 승전에 관한 내용은 민수기에 기록되어 있다(민 21:27-30). 그러나 그 후에 출애굽 한 이스라엘은 이곳을 시혼에게서 다시 빼앗았다(민 21:30). 이 지역을 분배 받은 갓 지파는 디본을 재건하였으며(민 32:24) 후에 디본갓이라고 부르기도 하였다(민 33:45).

　　디본은 여호수아가 땅을 분배할 때 르우벤 지파의 영토가 되었다(수 13:17). 이사야는 모압이 멸망할 때 디본 사람들이 산당에 올라가서 통곡할 것(사 15:2)이라고 했는데 메사 왕 때에 모압의 수도였던 디본에는 그모스를 위한 신전도 있었다. 예레미야는 모압의 디본의 요새가 함락될 것을 예언했다. 디본은 예레미야가 멸망을 예언한 모압의 도시 목록에 포함되어 있었다(렘 48:18,22). 맥도날드(MacDonald)는 모압의 수도인 디본을 아르라고 주장한다.

　　모압 비문에 기록된 내용 중의 일부분은 열왕기하 1장과 3장에 기록되어 있다. 모압 왕 메사는 새끼 양 십만 마리의 털과 숫양 십만 마리의 털을 이스라엘에게 조공으로 바쳤다(왕하 3:4). 성서지리에서 모압 석비가 중요한 이유는 성서 이외의 자료에서 성서의 지명들이 기록된 것이다. 모압 석비에서 발견된 성서의 지명은 디본, 메드바, 바알므온, 기랴다임, 아다롯, 그리욧, 느보, 야하스, 아로엘, 베셀, 벧 바알 므온, 호로나임이다. 디본은 이름이나 지리적인 배경 때문에 일반적으로 현대 마을 디반(Dhiban)과 동일시되었다. 디본에서는 1868년 메사 왕의 비문(Mesha Inscription)이나 모압 석비(Moabite Stone)라고 부르는 높이가 1.15m이며 넓이가 60-68cm 되는 비문이 발견되었다. 모압 석비로 인하여 모압 지역에 대한 고고학 연구는 획기적인 발전을 가져왔다. 디본(Dhiban)에서는 초기 청동기 시대의 토기조각과 성벽 기초와 무덤이 발굴되었다. 전기 철기 시대의 유적과 후기 철기 시대의 요새화된 주거지와 궁궐, 신전, 저수조, 석비가 발굴되었다. 이곳에서는 나바티안 시대의 거주지와 신전, 수조와 로마 시대의 요새와 목욕탕이 발굴되었다. 그 뿐 아니라 비잔틴 시대로부터 아랍 시대와 오토만 시대의 거주지가 발굴되었으며 후기 비잔틴 시대의 교회 터도 발견되었다.

▲텔 디반의 유적

# 모압 석비

그모스의 아들이며 모압 왕인 디본 사람 나 메사는 내 아버지가 모압을 삼십년 동안 다스린 후 아버지의 뒤를 이어 다스렸으며 까르호에 있는 그모스의 성소를 승리의 성소로 만들었으니 이는 그가 나를 모든 왕들로부터 구원했기 때문이며 또한 그가 나로 하여금 나의 모든 대적들에게 승리하게 했기 때문이다. 이스라엘의 왕 오므리가 오랫동안 모압을 지배했는데 그모스가 그 땅에 대하여 진노 하셨기 때문이다.

그의 아들이 그의 뒤를 이었는데 그도 내가 모압을 지배할 것이라고 했다. 그가 이렇게 말했던 것이 내 시대에 있었다. 그러나 나는 그에게 그리고 그의 왕조에게 승리했으며 이스라엘은 완전히 멸망되었다. 오므리가 메드바의 모든 땅을 차지했을 때 그는 그의 시대와 그의 아들의 시대의 절반인 40년 동안을 그곳에 거주했다. 그모스가 그 땅을 나의 시대에 회복시켰으며 내가 바알 므온을 세우고 저수지를 만들고 기랴다임을 세웠다. 지금까지 갓 사람들이 아다롯 지역에서 살아왔기에 이스라엘 왕이 그들을 위해 아다롯을 세워주었다. 내가 그 성읍과 싸워 그곳을 점령했으며 그 성의 모든 백성들을 다 죽이고 그모스와 모압을 위한 제물로 삼았다. 아로엘을 그곳으로부터 되찾아와 내가 그를 그리욧에 있는 그모스 앞으로 끌어왔다. 내가 거기에 샤론의 사람들과 마하릿 사람들을 이주시켰다. 그 후 그모스가 나에게 가서 이스라엘로 부터 느보를 잡아오라고 말하기에 내가 밤에 가서 새벽부터 정오까지 그들과 싸웠다. 내가 그곳을 점령하여 남자 소년 여자 7000명과 여종들을 그모스를 위한 제물로 바쳤다. 그곳에서 여호와의 장구들을 빼앗아 내가 그것을 그모스 앞에 가져왔다. 이제 이스라엘이 야하스왕을 세우고 나와 싸울 때에 그곳에 머무르고 있었으나 그모스가 내 앞에서 그를 쫓아냈다. 내가 모압으로부터 정예군사 200명을 취해 그들로 야하스를 치게 하여 그곳을 빼앗았다. 그것은 그 땅을 디

본과 합치기 위해서였다. 까르호를 세우고 성읍과 성벽을 세웠다. 나는 그 문을 만들었다. 나는 그 망대들을 세웠다. 나는 왕궁을 건축했다. 나는 성읍에 있는 저수지의 축대들을 만들었다. 까르호 성읍에 저수지가 없어 내가 모든 백성들에게 각자가 너희 집에 저수지를 만들라고 했다. 나는 까르호를 위한 들보를 잘라왔다. 여기에 이용된 사람은 이스라엘의 포로들이었다. 나는 아로엘을 건축했다. 나는 아르논에 대로를 만들었다. 나는 바못이 무너져 그곳을 개척했다. 나는 베셀이 파괴되어 그곳을 재건했다. 나에게 모든 디본 사람이 순종했기에 디본 사람 50명이 이용되었다. 내가 왕이 되어 예속시킨 100개의 성읍을 다스렸다. 나는 메드바와 벧 디불라다임을 재건했다. 나는 벧 바알므온의 좋은 양들을 가져왔다. 호로나임에 정착했다. 그모스가 내게 내려가서 호로나임과 싸우라고 말하기에 내가 그모스가 그것을 나의 시대에 회복시켰다.

◀ 루브르 박물관에 있는 모압석비

# 아로엘 2 아르논 Aroer (עֲרוֹעֵר 버림받은, 벗은)

텔 아라이르(Tell Arair)                                      31°28′16.02″N 35°49′09.16″E

아모리 족속의 시혼에게 속한 땅이었으나 이스라엘이 뺏은 후에 르우벤 지파에게 주어졌다 (신 2:36; 수 13:16; 대상 5:8). 후에 갓 지파는 이곳에 견고한 성읍을 건축하였다(민 32:34). 아로엘은 국경 지대에 있기에 다윗은 이곳에서 인구조사를 최초로 실시했다(삼하 24:5). 아로엘은 네 곳의 동명이지가 있는데 유다 지파의 아로엘1(유다)과 모압의 아로엘2(모압)과 암몬의 아로엘3(암몬)과 아로엘4(다메섹)이 있다. 모압 석비에 메사(Mesha)가 이스라엘을 멸망시킨 뒤에 이곳에 성을 건축했다고 기록되어 있다.

이곳은 왕의 큰 길이 통과하는 아르논 계곡의 동쪽의 고지대에 있기에 이 지역을 볼 수 있는 중요한 위치에 있다. 아로엘은 전략적인 위치 때문에 이스라엘의 영토를 언급할 때에 자주 거론되는 중요한 곳이다(신 2:36; 3:1; 4:48; 수 12:2; 13:9; 삿 11:26; 왕하 10:33). 예레미야는 모압의 심판을 예언하면서 아로엘에 사는 여인에게 도망치는 사람들에게 어떤 일이 일어났는지 물어보라고 하였다(렘 48:19).

이곳은 텔 아라이르(Tell Arair)와 동일시되었다. 아로엘은 해발 760m의 아르논 강의 북쪽 언덕에 있기에 아르논 계곡과 모든 도로를 내려다 볼 수 있는 유리한 위치에 있다.

이곳에서 초기 청동기 시대의 토기 조각과 후기 철기 시대의 요새와 성벽 기초가 발굴되었다. 북동쪽의 외곽지역의 성벽은 메사의 요새로 추정된다. 이곳에서 나바티안 시대와 로마 시대의 집이 발굴되었다. 아로엘은 디본에서 남동쪽으로 3km 떨어져 있고 메드바와 케락을 연결하는 도로에서 동쪽으로 약 4km 떨어져 있다.

▲북쪽에서 바라본 텔 아라이르

▲텔 아라이르에서 바라본 아르논 골짜기

예레미야가 멸망을 예언한 모압의 성읍 중 하나이다. 기랴다임과 벧 므온 부근에 있었고 성경에 한 번 기록된 곳이다(렘 48:23). 벧가물은 '보답의 집' 이라는 뜻을 가지고 있다.

벧가물은 일반적으로 키르벳 엘 주므빌(Kh. el-Jumaiyil)과 동일시되고 있다.

이곳은 디본의 동쪽으로 12km 지점에 있으며 모압 평원의 동쪽에 위치한 해발 760m 언덕 위에 있는 400㎡ 면적의 유적지이다. 이곳에서 초기 · 후기 청동기 시대로부터 전기 · 후기 철기 시대, 나바티안, 로마, 비잔틴, 아랍, 오토만 시대에 이르는 토기조각이 발굴되었고, 시대가 명기되지 않은 주거지, 돌무더기, 저수조가 발굴되었다.

## 아르논 골짜기 Arnon (אַרְנוֹן 급류의 계곡)
### 와디 엘 무집(Wadi el-Mujib)

모압 지역의 북쪽에 있는 가장 큰 골짜기인 아르논 골짜기(Wadi Arnon)는 모압과 아모리의 경계가 되는 곳이다. 아르논 골짜기는 와디 엘 무집(Wadi el-Mujib)과 동일시된다. 아르논 골짜기는 이스라엘이 이 지역을 정복한 후에는 르우벤 지파와의 경계선이 되었다. 아르논 골짜기는 성경에 아르논 골짜기(민 21:14, 신 2:36; 3:8,12), 아르논 강(민 21:13; 사 11:26), 아르논 나루(사 16:2), 아르논(민 21:24,26)으로 기록되어 있다. 출애굽하던 이스라엘 민족은 세렛 골짜기에 진을 쳤다가 북상하여 아르논 골짜기의 북쪽 강변에 진을 쳤다(신 2:24).

아르논 골짜기에서 디본까지는 약 3km 정도 밖에 되지 않는다. 민수기 33장에서는 이예아바림과 이임에서 디본갓에 진을 쳤다고 하였는데 두 장소의 사이에는 아르논 골짜기가 있었다(민 33:44,45). 출애굽한 이스라엘 민족이 이 지역을 통과하는 데는 큰 어려움이 있었을 것이다. 이사야가 모압의 심판을 예언할 때에 모압의 딸들은 아르논 나루에서 떠다니는 새 같다고 하였다(사 16:2). 모압 비석에 의하면 메사는 아르논 골짜기에다 큰 도로를 건설했다고 기록했다.

아르논 골짜기는 레준(Lajjun) 지역에서 시작하여 모압 성으로 추정되는 무데이나(Medeineh North)를 지나 북서쪽으로 약 24km를 흐르다가 왕의 대로를 지나가기 전에서부터 서쪽으로 방향을 바꾸어 24km 정도를 흘러 염해(사해)로 들어간다. 아르논 골짜기는 사해로 합류하는 곳에서 약 3.2km 떨어진 지점에서 와디 엘 헤이단(Wadi el-Heidan)과 만난다. 아르논 강은 디본 남쪽으로 오면 폭이 약 4km 정도가 되고 절벽 위에서부터 바닥까지 495m 정도의 높이가 되는 큰 규모의 계곡으로 왕의 대로에서 통과하기 힘든 가장 험한 지역이다. 로마 시대에는 지금의 도로가 지나가는 부근에 도로가 건설되었기에 로마 시대의 이정표(milestone)가 남아 있다. 지금은 물을 저장하는 큰 댐이 왕의 대로가 지나가는 곳에 건설되었다.

▲아르논 골짜기의 로마 시대의 이정표

▲아르논 골짜기의 도로

▲아르논 골짜기의 아르논 댐

## 딘하바 Dinhabah (דִּנְהָבָה) 심판을 내리다

에돔 왕 벨라가 다스린 이곳은 성경에 두 번 나오는 성읍이다(창 36:32; 대상 1:43). 유세비우스 (Eusebius)는 이곳을 아르랍바(ar-Rabba) 북쪽에 있는 다나이아(Danaia)라고 불리는 키르벳 엣 덴(Khirbet ed-Denneh)이나 헤스본 서쪽에 있는 다나바(Danaba)로 추정했다. 딘하바라고 추정하는 두 장소에 대한 근거는 확실치 않다. 이 두 장소는 이름의 유사성으로 추정하는데 에 돔 지역에서 떨어진 북쪽지역이므로 근거가 막연하다. 아벨(Abel)은 남쪽에 있는 바스타를 딘 하바로 추정했다.

## 딘하바 ⁻1
엘 바스타(el-Basta)                    30°13´42.87˝N 35°32´14.03˝E

바스타는 요르단에서 신석기 시대의 유적으로 유명한 유적지이다. 해발 1460m가 되는 곳에 위 치한 이 마을의 입구에는 바스타 역사 마을(Basta Historic Village)라는 간판을 세워놓았다. 이 곳에서는 신석기 시대의 거주지, 성벽의 기초, 수로가 발견되어 요르단 고고학계가 신석기 시 대의 마을로 자부심을 갖는 유적이 발견된 곳이다. 이곳에서는 초기 청동기, 철기, 헬라, 나바 티안, 로마 시대의 토기가 발견되었다. 그뿐 아니라 나바티안 시대의 주거지와 시대가 확실하

지 않은 농경지가 발견되었 고 근대에는 마을이 자리 잡 고 있다. 아벨(Abel)은 이곳 을 딘하바로 추정하는데 근 거는 미약하지만 에돔 지역 에 있으며 구약 시대의 유적 이 있는 마을이기에 키르벳 엣 덴(Khirbet ed-Denneh) 보다 더 가능성이 있는 곳이 다. 이곳은 페트라에서 남동 쪽으로 약 12km 떨어진 곳 이며 마안에서는 서쪽으로 약 20km 떨어진 곳이다. 이 곳에서는 민가의 지붕을 덮 은 진흙 속에서도 유물의 흔 적을 볼 수 있는 인상적인 마을이다.

# 딘하바 [-2]

키르벳 엣 덴(Khirbet ed-Denneh)                    31°21´22.19˝N 35°45´01.04˝E

 키르벳 엣 덴(Khirbet ed-Denneh)은 케락 성에서 북쪽으로 25km 정도 떨어진 35번 도로의 오른편에 위치하고 있으며 엘 발루(el-Balu)로 들어가는 입구에 있는 농촌 마을 부근에 있다. 키르벳 엣 덴(Kh. ed-Denneh)은 해발 875m의 고원지대로 밀을 재배하는 농업지역이다. 이곳에서는 나바티안, 로마, 비잔틴, 아랍, 오토만, 이슬람 시대까지의 토기 조각이 발굴되었고 시대가 명기 되지 않은 동굴과 성벽의 기초, 저수조가 발굴되었다. 이곳은 에돔 지역이라고 하기에는 너무 북쪽 지역에 있으며 고고학적인 근거도 없기에 딘하바로 보기가 어려운 곳이다.

# 아르 Ar (עָר 성읍) /모압 알/아르논 가에 있는 성읍

아르논 가에 있는 모압의 성읍으로 모압 알(사 15:1)이나 아르논 가에 있는 성읍(민 22:36)으로도 기록되어 있는 장소이다. 아르는 '성읍' 이란 뜻을 가지고 있기 때문에 아르가 특별한 성읍이나 모압의 지역을 지칭할 수 있기에 지명에서 가장 까다로운 장소이다. 이런 문제는 골짜기 가운데 있는 성읍을 다룰 때에도 성읍이 아닌 전진 기지로 볼 수 있는 것과 같다.

'아르' 라는 말이 어떤 성읍을 가리키는 말이라면 이곳은 모압 땅의 경계에 있으며(신 2:18), 골짜기 부근에 있는 곳이다(민 21:15). 이곳은 여호와의 전쟁기에 기록된 성읍이며(민 21:14,15), 시인의 노래에는 엄청난 화염이 아르를 멸망시킬 것이라고 하였다(민 21:28). 이스라엘 백성들이 모압 광야 길로 갈 때 하나님께서는 롯의 자손에게 아르를 주었기 때문에 싸우지 말라고 명하신 곳이다(신 2:9,29).

이스라엘 백성들은 모압 땅의 경계인 아르를 지나 암몬 족속에게로 나아갔다(신 2:18,29). 아르를 특정한 장소로 여기므로 아르로 추정되는 여러 곳이 있다. 맥도날드(MacDonald)는 아르를 모압의 수도인 디본이라고 주장한다. 아르의 추정지는 키르벳 엘 발루(Khirbet el-Balu)와 아르 랍바(Ar-Rabba)가 있으며 그 밖에 키르벳 엘 미스나(Khirbet el-Misna)와 키르벳 엘 무데이네(Khirbet el-Medeineh)가 있다.

▼움 엘 바야라 정상의 도바뱀

# 아르 <sup>-1</sup>

키르벳 엘 발루(Khirbet el-Balu)　　　31°21′33.06″N 35°46 55.26″E

　계곡 옆에 있는 해발 830m의 고지에 있는 이곳은 아르논에서부터 세렛 시내 사이의 지역에서는 가장 큰 유적으로 철기 시대의 유적지이다. 이 유적지의 면적은 18,000㎡에 이르며 1930년에 이곳에서 철기 시대의 발루 석비가 나왔다. 1986년부터 작은 규모의 발굴이 추진되었으나 거대한 현무암층이 뒤덮고 있어서 발굴에 어려움이 있었다. 이곳에서 초기 · 중기 · 후기 · 청동기 시대의 토기 조각과 중기 청동기의 무덤이 발굴되었다. 철기 시대의 종교 시설, 요새화된 거주지, 석비, 비문이 발굴되었다. 그뿐 아니라 페르시아, 헬라, 나바티안, 비잔틴, 오토만 시대의 토기가 출토되었고 시대가 확인되지 않은 거주지와 성벽의 기초가 발굴되었다. 이곳의 성채는 앗수르와 바벨론과 연결이 되어 있는 것으로 보인다.

# 아르 $^{-2}$

아르 랍바(ar-Rabba)                                     31°16′13.13″N  35°44′15.78″E

　아르로 추정되는 유적지로 왕의 대로가 지나가고 있는 곳에 있는 해발 965m의 높은 지대 에 위치하고 있다. 알렉산더 야네우스가 모압 지방을 점령했고 그의 아들 히르카누스 2세가 아레 다 4세에게 모압의 열두 성읍을 제공할 때 아르 랍바도 포함되었다고 추정된다. 로마의 트라이 야누스 황제가 이곳을 점령하였고 랍바 모압이란 이름이 로마 동전에 나타나기도 했다. 유세비 우스와 제롬은 이곳을 아레오폴리스(Areopolis)라고 불렀다. 이곳은 비잔틴 시대에 주교가 있 는 주교좌가 되었다. 이곳에서 청동기, 전기 철기, 페르시아, 헬라, 나바티안 시대의 토기 조각 이 출토되었고 나바티안 시대의 주택과 저수조, 로마 시대의 토기 조각과 신전, 비문, 비잔틴 시대부터 아랍과 오토만 시대에 이르는 토기 조각들이 발굴되었다. 또한 시대가 확인되지 않은 요새화된 주거지, 저수조, 저수지가 발견되었다.

▲아르 랍바의 표지판

▲아르 랍바의 유적

# 맛멘 Madmen (מַדְמֵן 거름더미, 무더기) /디몬

키르벳 엣 딤나(Khirbet ad-Dimnah)　　　　　31°18′16.14″N 35°42′05.34″E

예레미야가 모압의 심판을 예언할 때 멸망되어 적막하게 될 것이라 말한 모압의 성읍으로 성경에 한 번 기록되었다(렘 48:2). 맛멘은 이사야가 멸망을 예언한 디몬(Dimon)과 같은 곳으로 보인다. 이사야는 디몬 지역의 물줄기들이 피로 가득할 정도로 끔찍한 재앙이 닥칠 것이며 그곳으로 피난했던 모압 사람과 디몬에서 살아남은 사람들까지도 사자(lion)에게 죽게 될 것이라고 예언했다. 시몬스(Simons)은 키르벳 엣 딤나(Khirbet ad-Dimnah)에서 지명이 보존되어 있기에 이곳을 디몬으로 추정한다.

현대 마을이 자리 잡고 있는 이곳에서 후기 청동기, 전기·후기 철기, 나바티안, 로마, 비잔틴, 마믈룩, 오토만 시대와 근대까지의 토기 조각이 발굴되었다. 토기가 발견된 곳은 건물들이 들어서 있고 특별한 유적이 없는 곳이다. 딤나 마을이 있는 곳에는 고대마을이 있었던 것으로 추정한다. 이곳 주민들은 이곳 주민들은 북쪽에 유적이 많은 언덕을 키르벳 엣 딤나로 알고 있지만 키르벳 엣 딤나는 토기가 발견된 지역을 가리키는 것으로 보인다. 이 마을 북쪽 지역에는 네 곳의 유적이 있다.

움 시드레(Umm Sidreh 31°17′53.27″N 35°42′05.96″E )는 석동기, 초기 청동기, 나바티안, 로마, 비잔틴, 오토만 시대의 토기와 시대가 확인되지 않은 탑과 저수조와 도로가 있다. 수메이메(Suweimeh 31°18′09.18″N 35°42′02.34″E)는 시대가 확인되지 않은 고인돌이 있는 유적이다. 케락 지역 57번 유적(el-Kerak site 59 31°18′19.26″N 35°42′02.48″E)은 석동기, 초기 청동기, 나바티안, 마믈룩, 오토만 시대의 토기와 시대가 확인되지 않은 구조물들이 발견되었다. 이 지역의 제일 북쪽에 있는 아브 엘 훼이쉬(Abu el-Wsheish 31°18′35.46″N 35°41′50.89″E)에서는 시대가 확인되지 않은 성벽과 저수조 같은 유적이 발견되었다.

이 지역은 와디 이븐 하마드(Wadi Ibn Hammad)가 시작되는 곳에 있는 평원이기에 고대로부터 사람이 살 수 있는 여건이 갖추어진 지역이며 왕의 대로가 지나가는 지역에 있었다. 키르벳 엣 딤나는 아르 랍바에서 북서쪽으로 4km 떨어져 있다. 이곳은 이사야의 예언에서 같이 언급된 소알, 루힛 비탈길, 호로나임 길, 버드나무 시내, 에글라임, 브엘엘림이 멀지 않은 곳에 있기 때문에 지리적인 위치로도 좋은 장소이다(사 15:5-8). 아하로니(Aharoni)는 경작하는 특징을 가지고 있는 이름이라고 추론하였다. 일부 학자들은 디몬을 디본과 동일시하기도 하나 다른 장소로 추정된다.

▲ 키르벳 엣 딤나(Khirbet ad-Dimnah)

▲아브 엘 훼이쉬(Abu el-Wsheish) ▼

## 에글라임 Eglaim (אֶגְלַיִם 두 저수지)

이사야가 하나님께서 모압을 치실 때 도망하는 모압 사람들의 울부짖는 소리가 들리는 곳이 될 것이라고 예언했던 성읍 에글라임은 성경에 한 번 기록되었다(사 15:8). 이곳은 모압의 변경 지대로 추정될 수 있는데 정확한 위치는 찾기 어렵다. 유세비우스는 아르 랍바(Ar-Rabba)의 약 13km 남쪽에 있는 아갈레임(Aigalleim)이라는 곳을 에글라임으로 추정했다. 에글라임은 두 곳의 추정지가 있는데 루즘 엘 길리메(Rujm el-Jilimeh)와 마즈라(Mazra)가 있다.

## 에글라임 ⁻¹
### 루즘 엘 길리메(Rujm el-Jilimeh)　　　　　31° 10′ 54.71″N 35° 42′ 47.64″E

아벨(Abel)은 에글라임을 비잔틴 시대의 유적인 루즘 엘 길리메(Rujm el-Jilimeh)로 추정된 다. 이곳은 에글라임의 지명을 보존하고 있다. 루즘 엘 길리메는 케락 성 동쪽 약 1km 지점에 있는 해발 975m의 언덕 위에 있다. 케락 성의 골짜기 맞은편에 있는데 이곳은 고고학적인 근거 는 없다. 루즘 엘 길리메에서는 나바티안, 로마, 이슬람 시대의 토기 조각이 출토되었고 시대를 명기하지 않은 동굴과 성벽의 기초, 저수조, 석관, 비석이 발견되었다. 이 지역은 사람들이 살 고 있는 지역이며 MEGA-Jordan의 좌표가 있는 지역은 학교 건물이 있고 JADIS의 좌표는 계곡 의 경사지역을 가리키고 있어서 찾기에 힘이 들었던 곳이다. 이 언덕의 경사지가 시작되는 곳 에는 성벽과 조그마한 동굴의 유적이 있으며 언덕의 북쪽에는 크지 않은 동굴이 있는데 이 동 굴은 고대 거주지로 보이지는 않는다.

# 에글라임 -2

마즈라(Mazra)                                          31°15′41.76″N 35°31′20.03″E

아하로니(Aharoni)는 사해의 리산(Lisan) 반도 동쪽에 있는 현대 마을 마즈라로 추정되는데 근거는 미약하다. 이곳에서 초기 청동기, 나바티안, 로마, 비잔틴, 아랍 시대와 근대까지의 토기 조각이 발견되었다.

▲현대 미즈라 마을▼

# 소돔 Sodom (סְדֹם)

고모라, 아드마, 스보임, 소알(벨라)과 함께 평지 성읍에 있는 다섯 곳의 성읍 중의 하나이다 (창 14:2). 소돔의 어원은 '소각' 이라는 뜻이거나 '들' 이라는 뜻에서 유래되었다고 추정하나 확실하지 않다. 이사야와 아모스는 심판의 상징으로 소돔과 고모라를 예로 들었고(사 13:19; 암 4:11), 예레미야도 죄인의 상징으로 소돔 사람을 예로 들었다(렘 23:14).

예수님도 심판을 말씀하실 때 소돔과 고모라를 비교 대상으로 삼으셨다(마 10:15). 소돔은 가나안 땅 경계를 언급할 때 최초로 기록되었던 곳이다(창 10:19). 애굽을 떠난 아브라함이 베델과 아이 사이에 머무르다가 롯과 헤어질 때 롯은 요단 강 계곡의 들판을 택하였다. 이 지역은 소알이 있는 남쪽까지 물이 넉넉하였기에 여호와의 동산 같고 애굽 땅 같이 비옥한 곳이었다 (창 13:10). 이곳을 선택한 롯은 요단 계곡의 여러 성읍들을 돌아 다니며 살다가 소돔에서 자리를 잡았다. 싯딤 골짜기에서 벌어진 전투에서 북방 연합군에게 소돔이 소속된 연합군이 패전한 역사적인 사건이 있는 곳이다. 이때 소돔에 살던 롯이 재산을 빼앗기고 포로가 되어 잡혀가자 아브라함이 단까지 좇아가서 그들을 쳐부수고 다메섹 북쪽에 있는 호바까지 가서 롯의 가족과 친척과 재물을 찾아왔다(창 14:9-16). 소돔은 가까이에 있는 고모라와 함께 기록되는 경우가 많았다.

소돔과 고모라가 있던 지역은 사해의 남쪽이었다고 추정된다. 소돔과 고모라를 사해의 남쪽에서 어느 쪽인가를 추정할 때는 동쪽 지역으로 추정한다. 왜냐하면 사해의 서쪽 기슭에는 엔게디 부근을 제외하면 사람이 거주할만 한 환경을 갖춘 곳이 없지만, 동편에는 사람이 거주할 수 있는 환경이 있기 때문이다. 리산(Lisan) 반도 남쪽에 고고학적인 근거가 되는 유적지가 있다. 특히 청동기 시대의 유적지인 밥 에드라(Bab edh-Dhra)와 누메이라(Numeira)가 있다. 소돔의 지명은 아랍어의 사다마(Sadama)에서 유래되었다고 보는데 '요새화하다', '강하게 하다' 의 뜻이 있다. 밥 에드라는 '팔의 대문(Gate of the Arm)' 이라는 뜻이 있는데 소돔으로 추정된다. 사해의 남동쪽 지역에 대한 고고학 조사에서 올브라이트(Albright)는 소돔과 고모라, 소알이 이 지역에 위치하고 있으며, 밥 에드라의 청동기 시대의 유적이 소돔과 고모라의 성소라고 이해하였고 이 견해는 많은 고고학자들의 지지를 받았다. 그러나 1987년 이 지역을 조사한 라스트(Rast)는 밥 에드라와 누메이라의 유적이 주전 2500-2350년의 초기 청동기 시대 거주지였으며, 주전 2350년에 두 마을이 폐기되었다고 했다. 학자들마다 연대의 측정이 조금씩 다르지만 비슷한 시기로 추정한다. 이것은 소돔과 고모라가 같이 멸망되었다는 성서의 기록과 일치된다.

1973년 고고학 조사를 통해 이 지역에서 광범위한 화재의 증거가 보고되었다. 밥 에드라에서 소량의 재가 있는 토양이 발견되었고 누메이라에서도 화재의 흔적이 발견되었다. 이 지역의 유적지 중에서 가장 큰 규모인 밥 에드라가 소돔으로 추정된다. 밥 에드라는 서쪽에 있는 주거지와 남동쪽에 있는 무덤 지역으로 되어 있다. 서쪽에 있는 주거지(31°14′45.76″N 35°31′13.55″E)는 길이가 약 350m이고 폭이 100m정도가 되는 큰 규모의 텔이며, 남동쪽에 신전의 흔적이 있다(31° 14′50.69″N 35° 31′15.15″E). 거대한 무덤 지역은 약 1000년 정도 사용된 것으로 추정되는데 이 지역 뿐만 아니라 유목민들까지 매장한 것으로 보인다.

이곳에는 여러 형태의 무덤들이 있으며, 마을이 형성되기 전에도 사용되었다가 마을이 형성된 후에 납골당처럼 사용되어 300명의 유골까지 보관된 곳도 있다. 이 지역에 약 20,000개의 무덤이 있기에 50만명 이상이 묻혔을 것으로 추정된다.

이곳은 해저 217m의 지역이며 면적은 250,000㎡에 이른다. 이곳에서 초기 청동기 시대의 거주지와 유목 캠프, 묘지, 바위를 절단한 무덤이 발견되었다. 또한 초기 청동기, 페르시아 시대의 거주지와 신전, 묘지, 바위를 절단한 무덤도 발견되었다.

▲밥 에드라의 유적

▲묘지

▲남동쪽의 신전

▲서쪽에 있는 주거지

## 고모라 Gomorrah (עֲמֹרָה 데미)

텔 엔 누메이라(Tell en-Numeira)    31° 07′ 52.52″N  35° 31′ 44.04″E

소돔과 같이 멸망당한 고모라는 소돔 가까이에 있었던 성읍이기에 성경에서 언제나 소돔과 같이 언급되었던 것으로 추정된다. 고모라는 소돔과 함께 큰 죄를 짓는 사람들이 살았기에 소돔과 같이 멸망을 받았다(창 18:20; 19:24-28). 고모라의 어원은 물과 관련이 있거나 덮는다는 뜻을 가진 단어에서 파생되었다고 추정한다. 사해라고 부르는 염해의 동쪽에 있는 텔 엔 누메이라(Tell en-Numeira)는 와디 엔 누메이라(Wadi en-Numeira)가 지나가는 남쪽 언덕 위에 자리 잡고 있다. 이 지역은 북쪽에서 계속 흐르는 물에서 쌓인 충적토로 이루어져 있다.

이곳에서 초기 청동기 시대의 유물들이 다량으로 발견되었으며 석동기의 유물들이 발견되었다. 중앙의 우물 근처에 정사각형 모양으로 17개의 방들이 있고 방에서 많은 그릇들이 발견되었다. 학자들은 이 지역이 지진으로 파괴되었고, 지진 전에 많은 거주자들이 이곳을 이미 떠났다고 추측한다. 텔 엔 누메이라는 소돔으로 추정하는 밥 에드라와 같은 시기에 폐허가 되었으며 화재의 흔적도 있다. 또한 아브라함 시대와 근접한 시대의 유적인 것으로 보아 고모라로 추정한다. 이곳의 2m가 넘는 깊은 구덩이에는 색깔이 검은 재의 단층이 형성되어 있다. 이곳은

소돔으로 추정되는 밥 에드라보다 남쪽으로 약 14km 떨어져 있다. 이곳에서 소돔 추정지인 밥 에드라와 같은 시대인 초기 청동기 시대의 유적이 발견되었고, 폐허가 된 후부터 후기 철기 시대까지 사람이 거주하지 않는 지역이 되었다.

◀텔 누메이라의 정상▼

▲루즘 엔 누메이라

## 롯의 동굴 Lot's Cave

데이르 아인 아바타(Deir Ain Abata)　　　　　　　31°02′48.51″N 35°30′09.47″E

롯이 소알에서 떠나 두 딸과 함께 거주하던 곳이다(창 19:30). 롯의 동굴은 데이르 아인 아바타(Deir Ain Abata)라고 부르며 소알로 추정되는 에스 사피의 북동쪽의 해저 300m의 산기슭에 있는 동굴로 사해와 요단 골짜기가 잘 보이는 곳이다.

이곳에서는 신석기 시대의 석관, 석동기 시대의 토기 조각과 벽의 기초, 초기 청동기 시대의 토기 조각, 초기 청동기 시대의 동굴 거주지, 중기·후기 청동기 시대의 돌무덤, 나바티안 시대의 토기 조각과 벽의 기초와 묘지, 후기 나바티안 시대와 로마 시대의 토기 조각과 수도원, 비잔틴 시대와 이슬람 시대의 교회, 수도원, 무덤, 모자이크가 발굴되었다. 이 장소는 고고학자들에 의해서 1986년에 공식적으로 알려지게 되었다. 1987년에 시작된 조사는 1988년부터 1996년까지 체계적으로 진행되었다.

▼롯의 동굴에서 바라본 평지

◀롯의 동굴

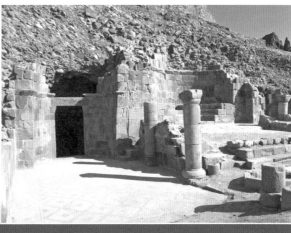

롯의 동굴에서 세워진
수도원의 모자이크▶

# 소알 Zoar (צֹעַר 작은) /벨라

피신한 롯이 두 딸과 함께 살았던 곳이다. 소알(Zoar)은 벨라(창 14:2,8)라고도 불렸던 곳이며 평지에 있었던 다섯 성읍 중의 하나이다. 소알은 싯딤 골짜기에 있는 다른 네 성읍들과 함께 네 명의 북방 왕들에 의해 공격을 받아 정복되었다(창 14:1-12). 소알은 '작다' 는 뜻이 있고 벨라는 '부패하였다' 는 뜻을 가지고 있다.

하나님이 그 골짜기의 성읍들을 멸망시키기로 작정하셨을 때, 롯과 그의 가족들은 재앙을 피할 수 있었다. 그것은 하나님이 롯에게 소돔으로부터 소알로 피하도록 허락하셨는데 소알을 멸하지 않기로 약속하셨기 때문이다(창 19:21,22). 하나님이 골짜기의 성읍을 멸하실 때 롯은 작은 성 소알로 피신했다. 소알로 피했던 롯은 그 고장 사람들과 살기를 두려워하여 산에 있는 동굴에서 살았다. 여기서 롯의 큰 딸에게서 모압이라는 아들이 태어났고 모압 족속의 시조가 되었다(창 19:30-38).

소알은 모세가 느보 산에 올라가 가나안 땅을 바라볼 때에 보았던 곳이다. 모세는 느보 산에서 여리고 골짜기에서 소알까지를 볼 수 있었다(신 34:3). 모압에서 도망한 자들이 소알로 도망갔으며 모압의 파괴에 대한 통곡이 소알까지 들렸고 통곡한 사람들은 다른 곳으로 옮겨 갔다(사 15:5; 렘 48:4-34). 소알은 작거나 중요하다는 뜻을 가졌기에 작은 성읍의 근거가 된다. 탈무드에서 야자(Palms)의 도시라고 불리기도 했다. 소알은 소돔과 함께 사해의 남동쪽 지역에 있을 것으로 추정된다. 소알의 추정지는 에스 사피와 텔 쉐이크 이사가 있다.

▲계곡 물을 이용하는 저수지

## 소알 -1

에스 사피(es-Safi)　　　　31° 01′ 14.45″N  35° 28′ 39.27″E

　소알은 세렛 시내인 와디 하사(Wadi el-Hasa)가 끝나는 지점에 있다. 에스 사피(es-Safi)는 텔 쉐이크 이사(Tell al-Sheikh Isa)의 동쪽 언덕에 있으며 지금은 현대 마을이 자리 잡고 있다. 에스 사피 마을은 와디 엘 하사의 북쪽 언덕과 남쪽 언덕에 있는데 고대 유적은 더 좋은 환경을 가진 남쪽 지역에 집중되어 있다. 이 지역의 발굴은 제대로 이루어지지 않았다.

　이 지역은 요르단 남부의 평야 지대로 고르 에스 사피(Ghor es-Safi)라고 불리기도 한다. 이곳에서 구석기, 신석기, 석동기 시대의 토기 조각과 초기 청동기 시대의 주거지, 묘지, 석관이 발굴되었다. 또한 초기 · 후기 청동기, 전기 · 후기 철기, 헬라, 로마 시대의 토기 조각이 발굴되었다. 그뿐 아니라 비잔틴 시대의 토기 조각, 묘지, 마믈룩 시대의 토기 조각, 착유기가 발굴되었고 근대의 거주지와 유목민의 거주지가 이곳에 있었다. 이 지역을 소알이 있었던 곳으로 보는 근거는 롯이 살던 동굴로 불리는 비잔틴 시대의 수도원이 발견되었기 때문이다.

▼세렛 시내와 현대 사피 마을

# 소알 -2

텔 엘 쉐이크 이사(Tell al-Sheikh Isa)                31°01′21.15″N 35°28′21.23″E

에스 사피의 남동쪽에 있는 유적지로 철조망 안에 있는 유적지이다. 이곳에서는 건물의 유적이 발견되었고 비잔틴 시대의 유물들이 발견되었다. 이 지역에서는 초기 청동기, 철기, 나바티안, 로마, 후기 비잔틴, 아랍, 마믈룩, 오토만 시대의 토기 조각이 출토되었다.

이곳의 동쪽에는 발굴이 되지 않은 두 곳의 유적이 있는데 이 유적들의 이름은 쉐이크 이사 (Sheikh Isa)라고 부른다. 아직 발굴이 되지 않은 이 지역에서는 시대 구조가 명기되지 않은 거주지, 제련소, 가마, 무덤이 나왔고 묘지 지역이 있다. 이곳에는 세렛 시내로 동일시하는 와디 하사의 물을 이용하던 수로와 제분소와 가마의 유적이 있다. 이 언덕의 남쪽은 무덤 지역은 알 나케아(Al-Naqea)이다.

이곳이 비잔틴 시대와 초기 이슬람 시대에 소알(Zoar, Sughar)로 불렸던 것은 확실하나 거주지에서 고고학적인 증거는 찾지 못했다.

텔 쉐이크 이사의 남동쪽에 있는 언덕에는 이슬람 시대의 유적인 타와인 엘 슈카르(Tawahin el-Sukkar)가 있는데 아랍어로 설탕 방앗간의 뜻이다. 이 지역에는 사탕수수가 많이 재배되던 곳이다.

▲타와인 엘 슈카르

▲텔 엘 쉐이크 이사▼

소돔과 고모라가 있는 평지 성읍에 있는 다섯 성읍 중의 하나로 다른 성읍들과 같이 멸망 당했던 곳이다(신 29:23). 아드마는 가나안의 경계에서 언급된 성읍(창 10:19)으로 동방의 연합군이 침략한 성읍 중의 하나이며 시날 왕이 다스렸다(창 14:2,8). 신명기에서 아드마의 멸망에 대한 언급이 있었으며(신 30:23), 호세아는 아드마를 옆에 있는 스보임과 함께 이스라엘의 심판에 대한 경고의 예로 들었다(호 11:8). 아드마는 사해라고 불리는 염해인 싯딤 골짜기에 있었으며 사해의 남쪽 지역에 있었을 것으로 추정되나 위치는 확인되지 않았다.

페이파(Fifa)로 부르는 유적이다. 와디 파이파(Wadi Faifa, Wadi Feifeh)의 북쪽에 있으며 길이가 약 430m이고 폭이 약 200m가 되는 유적으로 서쪽에는 요새가 있다. 이곳은 철기 시대의 요새로 추정된다. 이곳은 아직 발굴이 이루어지지 않고 도굴된 흔적들이 보이는 곳이다. 이곳은 소알에서는 남쪽으로 약 10km, 고모라에서는 남쪽으로 약 22km, 소돔에서는 남쪽으로 약 34km 떨어진 곳에 있다. 이곳을 아드마로 추정하기도 한다.

이곳을 아드마로 추정하는 이유는 이 지역이 붉은 색의 유적이고 평지 성읍이 있는 지역에 있기 때문이나 아직은 막연한 추정일 뿐이다. 만슨(Monson)은 이 지역에서 중요한 유적으로 소알과 소돔으로 추정하는 밥 에드라(Bab-edh-Dhra)와 고모라로 추정하는 엘 엔 누메이라(Tell en-Numeira)와 페이파(Feifa, fifa), 카나지르(Khanazir)를 언급한다. 이런 관점에서 보면 페이퍼는 아드마로 추정하기도 하며 카나지르는 스보임으로 거론되기도 하지만 근거가 불확실하다. 스보임으로도 추정하는 카나지르는 평지 남쪽의 급경사를 이루는 언덕 위에 자리 잡고 있으며 이 지역에는 많은 유적들이 있는 지역이다. 카나지르는 므그바트 페이퍼와 같은 시대의 탑으로 추정한다.

# 루힛 비탈길 the way to Luhith (לוּחִית 널판으로 된 비탈 길)

와디 이살(Wadi Isal)

이사야와 예레미야의 예언에서 모압 사람들이 도망하면서 올라가던 비탈길로 루힛 비탈길(사 15:5)과 루힛 언덕(렘 48:5)이라고 기록되어 있다. 루힛 비탈길은 호로나임과 밀접한 관계를 가지고 있다. 호로나임은 몇 곳의 추정지가 있는데 모두 와디 이살 상류지역의 약 10km 반경 내에 있는 장소들이다. 루힛 비탈길은 루힛으로 가는 길을 뜻하는데 루힛이 어디인지는 확인되지 않았지만 호로나임으로 추정되는 카드랍바(Kathrabba) 부근의 지역인 것으로 추정된다. 카드랍바는 와디 이살에서 보이는 아이(Ai)와 마주보고 있는 곳이다. 루힛 비탈길로 추정되는 와디 이살(Wadi Isal)은 소알로 가는 지역에 있으며 사해의 동쪽 산악 지대에 있었던 루힛으로 가는 비탈길로 사용된 곳이다. 고대에서는 지형적인 이유로 와디(Wadi)가 자주 길로 사용되었다. 이 지역은 비잔틴 시대의 수로 같은 유적들이 남아 있다. 와디 이살에서 카드랍바로 가는 도로는 로마 시대에 만들어졌다.

▲와디 이살에서 본 아이(Ai)마을

와디 이살▶

# 호로나임 Horonaim (חֹרֹנַיִם 이중 동굴)

소알에서 부르짖는 소리가 들리는 곳으로 성경에서 루힛 비탈길과 관계된 중요한 성읍이다 (사 15:5; 렘 48:3,5,34). 호로나임으로 가는 길은 호로나임 길(사 15:5)과 호로나임 내리막길(렘 48:5)로 기록되었으며 소알이 있는 사해 지역에서 케락 성으로 올라오는 길이다. 호로나임은 소알과 에글랏 슬리시야와 루힛 비탈길 부근에 있었다. 호로나임은 모압 비석에 모압 왕 메사 (Mesha)가 호로나임(하우로넨; Hauronen)과 싸워서 빼앗은 성읍이라고 기록되기도 했다. 성 경에서 이 지역을 호로나임으로 추정되는 근거가 기록되었다.

예레미야가 모압 사람들이 소알에서 울부짖는 소리가 호로나임까지 들릴 뿐 아니라 에글랏 셀리시야까지도 들릴 것이라고 하였다(렘 48:34). 호로나임은 산기슭에 위치한 것으로 기록되 었기에 이곳은 소알과 가까운 동쪽의 고지대에 있었다고 추정된다(렘 48:5). 호로나임으로 추 정되는 장소는 일곱 곳에 이르며 성경의 길하레셋으로 동일시되는 케락 성은 지리적인 이유로 중요한 추정지이다.

▲아브로나 지역에 핀 사막의 꽃

**호로나임 길**은 소알이 있는 사해 지 역에서 케락 성으로 올라오는 길이며 케락 성은 호로나임의 추정지이기도하 다.

호로나임의 추정지에서 중요한 추 정지들은 루힛 비탈길의 상류 지역에 있다. 루힛 비탈길의 상류에는 아이 (Ai)가 있고 맞은 편에는 카드랍바 (Kathrabba)가 있으며 아이와 카드랍 바에서 남쪽으로 5km 지점에 있는 엘 이라끄(el-Iraq)가 있다. 그 밖의 추정지 로 카드랍바(Kathrabba)의 서쪽에 있 는 키르벳 엘 메이단(Kh. el-Meidan), 키르벳 에드 두바브(Kh. ad-Dubab), 에드 다이르(ad-Dayr)가 있다.

# 호로나임 [1]

카드랍바(Kathrabba)

루힛 비탈길의 상류에 있는 해발 850m에 위치한 마을이며 동쪽으로 향해 있는 경사지에 있는데 아이(Ai)와 한 마을로 생각할 정도로 가까이에 있다. 이곳에서 후기 철기 시대, 나바티안 시대, 로마 시대, 비잔틴 시대, 마믈룩 시대, 오토만 시대와 근대의 토기 조각이 출토되었고 시기가 명기되지 않은 주거지와 요새가 발굴되었다.

## 호로나임 -2

아이('Ai)                                        31°08′03.19″N 35°38′23.89″E

루힛 비탈길의 상류에 있으며 서쪽으로 향한 경사지에 있는 해발 860m의 높이에 있는 마을이다. 카드랍바(Kathrabba)와 너무 가까이 있기에 같은 마을로 볼 수 있는 곳이다. 이곳에서 초기 · 중기 · 후기 청동기 시대, 후기 철기, 페르시아(바사) 시대, 나바티안 시대, 로마 시대, 비잔틴시대, 아랍 시대, 오토만 시대와 근대의 토기들이 출토되었다.

# 호로나임 -3

엘 이라끄(el-Iraq)    31° 05´ 24.11˝ N  35° 38´ 30.95˝ E

카드랍바(Kathrabba)와 아이(Ai)가 있는 계곡의 반대편 계곡에 사해를 향한 경사지에 있는
마을이다. 이곳은 소알 지역이 잘 보이는 해발 880m의 고지에 있다. 이곳에서 나바티안 시대,
로마 시대, 비잔틴 시대, 아랍 시대, 오토만 시대, 근대까지의 토기 조각이 나왔고 시대가 명기
되지 않은 토기 조각과 거주지, 동굴, 묘비가 출토되었다.

# 길하레셋 Kir-hareseth (קִיר חֲרָשֶׂת 도기 성벽) /길¹(모압)/기르¹(모압)/길헤레스

케락(Karak)

31°10′52.64″N 35°42′06.34″E

모압 왕 메사가 맏아들을 번제로 희생시키며 지킨 요새로 북 이스라엘, 유다, 에돔 연합군이 모압 왕 메사(Mesha)를 응징하기 위해 공격할 때 최후의 전투가 벌어진 곳이다. 모압 왕 메사는 전세가 불리해지자 천혜의 요새였던 이곳에서 농성하다 포위망을 뚫고 도망하려고 하였다. 그러나 포위망을 벗어날 수 없게 된 메사는 자신의 뒤를 이을 맏아들을 그모스 신에게 번제로 드렸다. 이 끔찍한 광경을 본 이스라엘 연합군은 전쟁을 끝내고 귀환하였다(왕하 3:25,27).

길하레셋과 길1(모압; 사 15:1)과 기르1(모압)와 길헤레스(렘 48:31,36)는 이명동지이다. 이사야는 모압의 심판을 예언할 때에 모압 길이 하룻밤에 멸망당하게 될 것이라고 선포하였다. 길(Kir)은 도시라는 뜻을 가지고 있다. 개역개정판에서 기르로 번역되었다(사 15:1). 성경에서 동명이지로 앗수르 지역에도 길 2(아람)이라는 성읍이 있는데(왕하 16:9; 암 1:5; 9:7) 개역한글판에서는 길 2(아람)으로 번역되었으나 개역개정판에서 기르 2(아람)로 번역되었다. 기르 2(아람)은 개역한글판과 개역개정판에서 기르로 번역되기도 하였다(사 22:6). 호로나임 길은 소알이 있는 사해 지역에서 케락 성으로 올라오는 길이기에 케락성은 호로나임의 추정지이기도하다.

1958년에 케락에서 나온 비문 조각에는 메사 왕의 아버지의 이름으로 추정되는 기록이 발견되었다. 지금은 케락(Karak) 성이라고 부르는 이곳은 사해에서 올라오는 호로나임 길이 왕의 대로와 만나는 중요한 교통로에 자리 잡고 있다. 케락 성은 해발 1,050m의 요새로서 삼면이 깊은 계곡으로 둘러싸인 천혜의 요새이다. 지금도 남아 있는 성채는 1132년 십자 군 전쟁 때 예루살렘 왕 발드윈 I 세의 지시에 의해 건축되었다. 로마 시대, 비잔틴 시대에 중요한 기독교 지역이 되었고 주민과의 갈등 때문에 1880년에 이곳에 있던 2,000명의 기독교인이 메드바로 이주한 역사가 있다. 이곳은 암만 남쪽 129km 지점, 아르논 골짜기에서 남쪽으로 28km, 사해에서는 동쪽으로 17km에 위치한 곳이다.

이곳에서는 석동기 시대부터 십자군 시대까지 모든 시대의 토기 조각이 발견되었다. 나바티안 시대의 주상, 비잔틴 시대의 성벽 기초, 묘지, 비석이 발견되었고 십자군 시대의 성채, 교회, 아랍 비문이 남아 있다.

아랍 시대의 요새와 마믈룩 시대의 궁궐, 모스크, 목욕탕, 다리와 오토만 시대의 궁궐터가 발굴되었다.

▲케락 성

◀▼케락 성채

▲할아버지와 손자 베드윈 천막

▲왕립지리학회

이스라엘

이집트

달원부,다말(Aljerray)
베디나(Wadi Kerak)

소돔
Bad adh Dhra

저렴(길하레셋)

소알(os-Sat)

타필라(도벨)

부논
(Feinan)

왕의 대로

페트라

마안(Maan)

애일랏
(Elat)
Taba국경

에시온게벨, 엘랏

와디 럼
(Wadi Rum)

▲부논의 아이들

▲밀을 수확하는 농부

이예아바림 1

소알-1

세렛 시내

살모나-2  도벨

셀라-1

보스라

오봇

부논

쇼백
Shawbak

살모나-1

데만

셀라-2
(페트라)

호르 산

마안
Maan

마온2

왕의 대로

← 국경선

● 와디 람

아브로나

에시온게벨, 엘랏

### 에돔 Edom (붉은)

야곱의 형인 에서가 에돔 땅을 차지하였고 에서의 자손들이 에돔 족속이 되었다. 에돔은 에서의 별명이기도 하였다(창 36:8). 에돔 지역은 북쪽으로는 세렛 시내이며, 남쪽으로는 홍해의 아카바 만 부근의 와디 히스마까지이며 동쪽으로는 사막 지대와 연결되고 서쪽으로는 아라바 계곡의 지역이다. 에돔 지역에 세일 땅이나 세일 산이라고 불리는 지역이 있으며 에돔 들은 세일 땅에 있다(창 32:3).

이스라엘 백성이 출애굽하여 갈 때 왕의 대로를 이용하기 위하여 에돔 땅을 지나가려고 했으나 에돔 왕이 거부했고 이스라엘 백성은 다른 길로 우회하였다. 에돔 지역에는 이스라엘이 정착하지 않았다. 사울 왕은 에돔 족속을 공격하여 승리하였고(삼상 14:47) 다윗은 염곡에서 에돔 사람 일만 팔천 명을 죽이고 에돔에 수비대를 두었다(삼하 8:13,14). 여호사밧 왕은 하나님의 도우심으로 에돔과 모압 암몬 연합군의 공격에서 이겨내고 대승을 거두었다(대하 20:1-2) 여호사밧의 아들 여호람 왕은 에돔을 공격했으나 실패하고 에돔은 남유다 왕국의 지배에서 벗어났다(왕하 8:22). 아마샤 왕은 에돔의 셀라를 공격하여 빼앗고 이름을 욕드엘이라고 하였다(왕하 14:7). 아하스 왕의 시대에 북 이스라엘과 아람 연합군이 남유다를 공격할 때에 에돔 사람들은 유다 사람들을 포로로 잡아갔다(대하 28:17).

에돔 사람들은 느부갓네살이 예루살렘을 멸망시키는 것을 보고 기뻐하였기에 이스라엘 사람들은 에돔이 멸망하게 해달라는 기도를 하였다(시 137:7). 바벨론 포로 이후에 에돔 사람들은 이스라엘의 남부까지 침범하여 에돔의 영역을 넓혔으며 이두매는 에돔 지방을 헬라식으로 부른 이름이다.

에돔 지역은 세렛 시내에서 남쪽으로 내려오면서 다나 부근에서 해발 1,300m 정도 높이의 고지대이며 페트라에서 더 남쪽으로 내려오는 왕의 대로(왕의 큰 길)까지도 해발 1,700m 정도 높이의 고지대이다. 에돔 산지는 이렇게 높은 지역이기에 서쪽으로 아라바 계곡으로도 급경사를 이루고 동쪽으로도 급경사를 이루어 아라비아 사막과 연결된다. 에돔 지역의 북쪽 지역은 서쪽 산지 쪽으로 강우량이 300mm 이기에 일부 지역에는 관목 숲이 있고 경작이 가능하다. 에돔 지역은 화강암의 기반 위에 붉은 색깔의 누비아 사암층으로 이루어져 있다. 이 지역의 토양은 두껍고 단단한 모래 토양인 누비아 사토로 되어 있어 색이 붉기 때문에 히브리어로 '붉다'는 뜻으로 에돔이라고 불린다. 에돔 지역은 험준한 산악 지대이면서 서쪽으로 깊은 계곡이 있고 동쪽으로 사막으로 연결되어 있어 오랜 기간 독립을 지킬 수 있었다. 에돔의 자연환경은 농업이나 목축업을 할 수 없는 열악한 곳이었기에 왕의 대로를 이용한 무역으로 경제활동을 하였다.

## 에돔 광야 길 the way of the wilderness of Edom

(דֶּרֶךְ מִדְבַּר אֱדוֹם 에돔 광야 길)

북 이스라엘과 남유다와 에돔 연합군이 모압을 공격했을 때 가려고 한 곳이다. 에돔 광야 길은 성경에 한 번 기록되었다(왕하 3:8). 모압을 공격했던 연합군은 먹을 물이 없어 위기를 만났으나 엘리사의 도움으로 물을 구하였고 전쟁에서 승리하였다(왕하 3:13-20).

일반적으로 에돔 광야 길이라고 부르는 길은 에돔의 동쪽 광야에 있는 길이며 북쪽에 있는 모압 광야 길과 연결되어 랍바로 이어지는 중요한 길이다. 북 이스라엘, 남유다, 에돔 연합군은 염해의 남쪽에서 에돔으로 가는 길로 진격했다. 이 지역에 있는 길은 성경에 '에돔 쪽에서' 라고 기록되었으며 아하로니는 이 길을 에돔 길이라고 불렀다(왕하 3:20).

## 세렛 시내 Brook of Zered (נַחַל זֶרֶד 풍부한 시내) / 버드나무 시내
와디 엘 하사(Wadi el-Hasa)

세렛 시내는 출애굽한 이스라엘 백성들이 가데스 바네아를 떠나 38년 만에 도착한 곳이다. 세렛 시내는 세렛 골짜기(민 21:12)와 세렛 시내(신 2:13,14)라고 기록되었으며 이스라엘 백성이 출애굽할 때 이예아바림을 지난 후에 진을 쳤던 곳이다. 이곳이 특별한 의미를 갖는 장소인 것은 이스라엘 백성이 가데스 바네아를 떠나 이곳을 지날 때까지 38년의 세월이 흘렀다는 기록이 있기 때문이다. 메드바의 모자이크 지도에도 세렛 골짜기가 나온다. 이사야가 예언한 버드나무 시내는 세렛 시내와 이명동지이다(사 15:7). 이사야는 심판당하는 모압 사람들이 통곡하면서 피난 갈 때 이곳을 지나갈 것이라고 예언하였다.

세렛 시내를 어느 곳으로 추정하는가에 대한 의견도 여러 가지가 있는데 탈무드에서는 세렛 시내를 와디 엘 케락(Wadi el-Karak)으로 보기도 하나 일반적으로는 와디 엘 하사(Wadi el-Hasa)로 동일시한다. 이곳은 모압과 에돔의 경계로 인식되는 중요한 곳이다. 세렛 시내의 중간 지점에는 이예아바림으로 추정하는 키르벳 엘 무데이나(Khirbet el-Mudayna)가 있고 상류로 올라가면 왕의 대로와 연결된다. 지리적으로 보면 이스라엘 백성이 와디 아라바에 있는 부논을 떠나 이예아바림을 지난 후에 와디 엘 하사를 따라 세렛 시내를 건넌 것으로 추정된다. 와디 엘 하사는 길이가 56km 이고 폭은 넓은 곳은 약 6km에 이르며 전체 낙차는 1,170m이다. 와디 엘 하사의 상류는 15번 고속도로에 있는 엘 하사(al-Hasa)이며 하류는 소알로 추정 되는 에스사피 앞을 흐르고 있다.

▲세렛 시내의 상류

▲이예아바림 부근의 세렛 시내

▲사해 부근의 세렛 시내 하류

## 르호봇 [2] 에돔 Rehoboth on the River (רְחֹבוֹת 넓은 곳)

라스 리하브(Ras Rihab;Rihab/WHS178)　　　30°56′02.02″N 35°36′42.94″E

에돔 왕 사울의 근거지로 성경에 두 번 기록된 지명이다(창 36:37; 대상 1:48). 르호봇은 창세기에서는 에돔 왕의 목록을 기록할 때에 언급되었고 역대상에서는 에서 자손의 족보에서 기록된 곳이다. 르호봇은 창세기에서 유브라데 강변(창 36:37)이라고 되어 있으나 역대상에서는 강가의 르호봇이라고 기록되어 있다(대상 1:48). 르호봇은 동명이지로 르호봇1(그랄; 창 26:22)과 르호봇2(에돔)이 있다. 시몬스(Simons)는 강을 와디 엘 하사로 보았으며 이 지역에 있는 아인 리하브(Ain Rihab)에 지명이 보존되어 있기에 라스 리하브(Ras Rihab)를 르호봇으로 추정했다. 글룩은 라스 리하브를 키르벳 에르 리하브(Khirbet ar-Rihab)라고 불렀다.

라스 리하브(Ras Rihab; Rihab/WHS 178; 좌표 30°56′02.02″N 35°36′42.94″E)는 세렛 시내의 남쪽에 있는 해발 940m의 고지 위에 있는 20,000㎡ 넓이의 유적지이다. 이곳에서는 구석기 시대로부터 후기 청동기, 철기 시대, 근대에 이르기까지 대부분의 시대의 토기 조각이 출토되었고 시대가 명기되지 않은 동굴, 집, 성벽 기초, 농장 터가 발굴되었다.

라스 리하브 부근에는 리하브(Ras Rihab Rihab/WHS 184; 좌표 30°56′04.05″N 35°37′03.40″E)는 해발 869m에 위치하고 있는 유적이다.

▲리스 리하브의 주민

◀▼라스 리하브(WHS 178)의 유적

▼리하브(WHS 184)의 유적

## 이예아바림 Iye-Abarim (עִיֵּי הָעֲבָרִים 저쪽의 폐허)

이스라엘 백성들이 오봇을 떠난 후에 세렛 시내를 건너기 전에 진을 쳤던 곳이다(민 21:11). 성경은 이예아바림이 모압 변경이며 모압 국경의 해 돋는 편 광야에 있다고 하였다(민 21:11; 33:44). 이곳은 아라바 계곡의 동쪽 편에 있다고 해석할 수 있다. 이곳은 오봇의 북쪽이나 북동쪽에 위치한 곳으로 보여 진다.

이예아바림은 돌무더기나 반대편이라는 뜻이 내포된 지명이다. 유세비우스는 이예아바림을 페트라 부근에 있다고 보았으며 그 당시에는 가이아(Gaia)라고 불렸다. 이예아바림은 메드바의 모자이크 지도에서는 사해의 동쪽이며 케락의 남쪽으로 그려져 있다. 이곳은 이임2(요르단)과 같은 곳으로 추정된다.

이예아바림의 추정지는 키르벳 엘 무데이나(Khirbet el-Medeineh), 무하이 (Muhai), 아이(Ai)의 세 곳이다. 케락 성에서 남쪽으로 10km 지점에 있는 아이(Ai)는 이예아바림과 지명의 유사성과 고고학적인 증거가 있기에 이예아바림으로 추정된다. 아이는 호로나임 추정지(호로나임-2)이기도 하기에 호로나임을 보라.

▲세렛 시내가 보이는 키르벳 엘 무데이나

# 이예아바림⁻¹

키르벳 엘 무데이나(Khirbet el-Mudayna)　　　30˚57′23.25″N　35˚46′47.31″E

　이예아바림으로 추정되는 이곳은 세렛 시내의 중간 지점에 있다. 글룩(Glueck)과 여러 학자들이 이곳을 이예아바림으로 지지한다. 이곳은 지명에서는 유사성을 찾을 수 없으나 지리적인 관점에서 이스라엘 백성의 출애굽 여정을 추론한다면 가장 적합한 곳으로 보고 있다. 이곳에서 고고학적인 근거는 철기, 나바티안 시대의 토기 조각이 나왔고 철기 시대의 요새가 발굴되었다. 그 뿐 아니라 오토만 시대의 성벽의 기초가 발굴이 되었다. 이곳은 해발 738m의 언덕 위에 유적지의 크기가 4,000㎡가 되는 곳이다. 이곳에서 300m 떨어진 곳에는 시대가 확인되지 않은 유적이 있다.

# 이예아바림 [-2]

무하이(Muhai)                                                30°59′32.00″N 35°51′33.00″E

　무하이는 모압 사람들의 견고한 요새가 있었던 곳으로 세렛 골짜기의 북쪽 경사지에 있다. 해발 1,044m의 고지 위에 있기에 주위를 다 관찰할 수 있는 전략적인 곳에 위치한다.

　이곳은 왕의 대로의 동쪽에 있다. 이곳은 이예아바림의 추정지로 추정되나 근거가 미약한 곳이다. 이곳에서 후기 청동기 시대로부터 아랍 시대까지의 토기 조각이 출토되었다. 나바티안 시대의 신전과 성소, 무덤, 주상이 발굴되었고 비잔틴 시대의 교회와 모자이크, 묘지, 주상이 발굴되었다. 이곳에서 시대가 명기되지 않은 주거지와 탑, 수조, 저수지가 발굴되었다.

▼무하이 마을의 유적

# 도벨 Tophel (תֹּפֶל 석회)

　모세가 이스라엘 백성에게 말씀을 선포한 곳의 경계가 되었던 곳으로 성경에서 한 번 기록된 곳이다(신 1:1). 도벨은 시내반도와 사해의 북동쪽에 있는 모압 평지사이에 있는 넓은 지역 안에 있다고 추정된다. 도벨은 도벨의 이름과 엣 타필라(at-Tafila)가 유사하기에 타필라와 동일시된다. 타필라는 지리적으로 보면 세렛 시내의 남쪽에 있고 와디 아라바의 동쪽에 있는 에돔의 북쪽 지역에 있다.

　이곳은 해발 1,040m의 언덕에 있는 마을이며 왕의 대로가 지나가고 있는 곳이다. 이곳은 십자군 시대의 성채가 남아있다.

▲타필라 마을의 전경

# 셀라 ² 에돔 Sela (סֶלַע 바위) /욕드엘

유대 왕 아마샤가 에돔 군사 만 명을 죽이고 공격하여 빼앗은 곳이다. 셀라 2(에돔)는 이름을 욕드엘이라고 바꾼 곳이기에 이명동지이다(수 15:28, 왕하 14:7; 참고 대하 25:12). 성경에는 네 곳의 셀라가 있다. 사울 왕이 아들 요나단과 함께 아버지 기스의 무덤에 합장된 베냐민의 성읍 (수 18:28; 삼하 21:14)과 셀라 2(에돔), 셀라 3(모압; 사 16:1),셀라 4(아모리; 삿 1:36)가 있으며 예루살렘에 있었던 연못(느 3:15)이 있다. 개역한글판에는 셀라가 같은 단어로 번역되었으나 셀라1(베냐민)은 '절뚝거림' 의 뜻을 가진 첼라(Zelah)이고, 셀라 2(에돔)와 셀라 3(모압; 사 16:1), 셀라 4(아모리)는 '바위' 라는 뜻을 가진 셀라(Sela)이다. 셀라4(아모리)는 성경에 한 번 기록되었다(삿 1:36).

개역한글판과 개역개정판에서 바위로 번역되었으나 공동번역, 새번역, 영어성경(NIV)에서 셀라라는 지명으로 번역되었다. 글루엑(Glueck)은 성경 시대에 셀라라는 이름의 성읍이 더 있었을 것으로 추정했다. 이사야는 찬송의 노래에서 셀라의 주민들도 노래하라고 하였다(사 42:11). 에돔 족속이 바위 틈에 살기에 교만하다는 예레미야와 오바댜를 통해 선포된 말씀은 셀라를 연상하게 한다(렘 49:16; 옵 1:3). 셀라는 히브리어에서 바위를 뜻한다.

추정지로는 아라바 계곡의 동쪽에 있는 수많은 에돔의 유적지 중에서 에스 실라(as-Sila)와 페트라(Petra에 있는 움 엘 비야라(Umm el-Biyara)가 후보지로 거론된다.

◀움 엘 비야라 정상으로 올라가는 돌 계단 길

# 셀라 2-1

에스 실라(as-Sila)  30°46′54.55″N 35°34′27.67″E

에스 실라는 페트라에 있는 비아라에서 북동쪽으로 약 52km 떨어진 곳에 있으며 보스라에서는 북서쪽으로 4km 떨어진 곳에 있다. 에돔의 수도인 보스라 근처에 있으며 보스라보다도 유다와 더 가까이 있기 때문에 셀라로 추정되는 곳이다. 이곳은 페트라에 있는 에돔의 움 엘 비야라(Umm al-Biyara)보다도 지리적으로나 고고학적으로 더 유리한 조건에 있다.

에스 실라는 계곡에 있는 분지에 자리 잡고 있으며 사방이 절벽으로 되어 있는 천혜의 요새이다. 이곳은 해발 880m의 바위 언덕 위에 있으며 초기 · 중기 · 후기 청동기, 후기 철기, 헬라, 오토만 시대까지의 토기 조각이 출토되었다. 후기 철기 시대의 주거지와 나바티안 시대의 마을과 성소, 경작지, 수로, 저수조, 마믈룩 시대의 요새도 발굴되었다.

이곳은 나바티안 시대에는 무역의 중심지 역할을 하는 중요한 곳이었다. 이 요새의 정상에는 에돔 시대의 제단 터로 보이는 유적이 있으며 약 15개의 동굴 저수지와 수많은 저수조가 있다. 이곳을 발굴한 요르단의 무타 대학이 1994년에 발표한 발굴 보고서에 의하면 절벽에 부조가 있다. 오른 쪽 손에 긴 들고 초승달과 별을 가리키는 인물이 있다. 이 인물은 원뿔형의 두건을 쓰고 있으며 부조상 주위에는 쐐기 문자로 기록된 비문이 있다. 이 인물은 에돔을 점령한 바벨론의 나보니두스(BC 555-539) 왕으로 추정하기도 한다.

부조상▶

◀에돔의 제단터로
추정되는 곳

▼유적지 입구의 목동들

▲정상에 있는 동굴 거주지

페트라에 있는 움 엘 비야라(Umm el-Biyara)는 에돔 지역의 유적이다. 셀라(Sela)의 추정지인 움 엘 비야라(Umm el-Biyara)는 요르단을 대표하는 중요한 유적인 페트라 안에 있는 유적이다. 이곳에서는 주전 7-8세기에 건축된 거주지와 에돔 왕의 유물이 발견되었고 나바티안 시대의 성벽, 성소, 수로, 저수조와 로마 시대의 토기와 시대가 확인되지 않은 무덤이 발견되었다. 이곳의 유적은 1963년에 크리스탈 베네트(Crystal Bennett)에 의해 발굴되었다.

비아라는 저수조(Cistern)라는 아랍어에서 유래된 지명으로 '저수조의 어머니' 라는 뜻이다. 이곳은 해발 1000m가 넘는 언덕 위에 있는 요새이다.

이곳은 페트라 지역에서 가장 험한 곳에 자리잡고 있어 답사가 매우 힘든 곳이다. 이곳은 로마 시대의 열주로의 남서쪽에 있으며 주위가 높은 절벽으로 이루어져 있기에 동쪽에 있는 계단길로만 올라갈 수 있다. 이곳의 정상에는 관목으로 덮여진 평원이 있으며 8개의 종 모양으로 만들어진 저수로들이 있다.

▲정상에 있는 저수조

페트라는 바위를 나타내는 헬라어이기에 지명과 연관성이 있다. 페트라는 오바댜의 묘사(옵 1:3), 예레미야의 묘사(렘 49:16), 이사야가 셀라의 주민들이 산꼭대기에 산다는 내용과 일치하는 곳이다(사 42:11). 페트라는 사도 바울이 갔던 아라비아로 추정되는 곳이기에 더 중요한 곳이다(갈 1:17). 유세비우스는 이곳을 레겜(Rekem)으로 불렀고 가데스 바네아로 추정하며 모세가 반석을 쳐서 백성에게 물을 준 장소라고 하기도 하였다(민 20:2-13). 사도 바울이 갔던 아라비아는 아라비아로 불렀던 나바티안 왕국의 수도인 페트라를 가리킨다. 이 당시의 나바티안 왕국은 주전 9년부터 주후 40년까지 통치한 아레다 4세가 다스렸다(고후 11:32).

페트라는 나바티안이 주전 3세기에 점령하였다가 주후 106년에 로마에게 점령당하여 큰 발전을 이루었으나, 새로운 교역로가 이곳에서 멀어지면서 쇠퇴하기 시작하였다. 이곳은 1812년 아랍 지명 확인에 큰 공헌을 했던 부르크하르트(Burckhardt)에 의해 발견되면서 알려지게 되었다 . 그는 세젠(Seetzen)과 더불어 팔레스틴의 지형학적 연구의 선구자였다. 페트라의 구체적인 발굴은 1929년부터 1958년까지 이루어졌으며 최근까지도 계속되었다. 페트라는 해발 935m의 충적토로 된 고원에 자리 잡고 있으며 유적의 넓이가 3,000,000㎡에 이르는 거대한 유적지이다. 이곳에서는 방대한 고고학 자료가 출토되었다.

이곳에서는 초기 · 중기 청동기, 전기 · 후기 철기, 헬라 시대의 토기 조각이 출토되었다. 또한 나바티안 시대의 성소(High Place), 수로, 저수조, 저수지, 극장, 아치, 채석장, 묘지, 바위 예술 주상, 바위 무덤이 출토되었다. 이곳에서는 로마 시대의 요새화된 주거지와 신전, 아치, 저장소, 채석장, 바위 무덤, 동굴 무덤, 라틴 문양과 비잔틴 시대의 거주지와 수로, 수조, 묘지, 교회, 모자이크도 출토되었다.

움 엘 비야라

▲사막 경찰

◀압벽 사이의 협곡(Siq)

▲알 카즈네 야경

움 엘 비야라

▲열주로(Colonnaded Street)

희생제물의 언덕▶
(High place of Sacrifice)

▲모세의 우물이 있는 건물

▲모세의 우물

## 보스라[2] 에돔 Bosra (בָּצְרָה 요새, 양의 우리)

부쉐이라(Buseira)                                                30° 44′ 44.78″N  35° 36′ 14.89″E

에돔 왕 요밥의 고향이며(창 36:33; 대상 1:44) 에돔의 중요한 도시였던 이곳은 이사야의 예언에서 하나님의 심판의 대상이 된 성읍이었다(사 49:13,22). 보스라는 동명이지로 성경에 모압 땅의 보스라 1(모압)와 에돔 땅의 보스라 2(에돔)가 있다. 예레미야는 보스라가 하나님의 저주를 받아 치욕을 당하는 성읍이 되어 황폐해질 것이라고 예언했다(렘 49:13,22). 아모스는 하나님의 징벌로 보스라에 있는 궁궐들이 파괴될 것이라고 예언했다(암 1:12). 성경에서 데만과 함께 기록되어 있기에 보스라는 데만과 가까운 지역에 있었던 것으로 추정된다.

보스라는 일반적으로 부쉐이라(Buseira)와 동일시되고 있다. 보스라는 에돔의 구리 광산이 있는 부논(Feinan)에서 남남서쪽으로 10-15km 떨어진 곳이며 페트라 북쪽 5-6km 지역에 위치한다. 왕의 대로의 서쪽에 위치하고 있으며 페트라에서 북쪽으로 약 50km 떨어진 곳에 있다.

이곳은 삼면이 깊은 계곡으로 둘러싸인 천혜의 요새이다. 보스라의 고고학 답사는 1971년부

터 시작되었고 그 연구 결과로 보스라가 에돔의 수도로 확실시 되었다. 이곳에서는 후기 철기 시대의 요새화된 주거지와 궁궐, 저수조, 비석들이 나왔고 페르시아 시대의 요새가 발굴되었다. 그 밖에 나바티안 시대의 비문과 로마 시대의 토기 조각이 출토되었다.

▶▼부쉐이라의 유적과 전경

# 오봇 Oboth (אֹבֹת 물 담는 가죽부대들)

엘 구웨이바(el-Ghuweiba)    30°41′35.96″N 35°28′26.74″E

이스라엘 민족이 가나안을 향해 갈 때 머물렀던 이곳은 부논과 이예아바림 사이에 있으며 호르 산을 떠난 이스라엘 백성들이 부논을 지나 진을 친 곳이다(민 21:10, 11 ; 33:43, 44). 오봇은 부논에서 북쪽으로 약 16km에 위치해 있으며 아라바 계곡의 오른 편에 위치한 오아시스인 엘 구웨이바(el-Ghuweiba)가 오봇으로 유일하게 추정되고 있다. 이곳에 물이 있었고 이스라엘 민족이 진을 치기에 적당한 장소가 있다. 이곳에는 물이 흐르고 있는 와디 구웨이바가 있다. 오아시스인 엘 구웨이바(el-Ghuweiba)의 북쪽과 남쪽에는 시대가 확인되지 않은 키르벳이 있다. 북쪽의 키르벳은 용재 더미가 있으며 최근에 발굴한 구조물이 있으며 건물의 기초로 보이는 바위가 있다. 이곳에는 최근에 만든 석류 과수원과 레몬 과수원이 있다.

◀남쪽에서 바라본 엘 구웨이바

엘 구웨이바의▶
동쪽 텔의 유적

북쪽 텔의 유적▶

◀석류 과수원

▲최근에 발굴한 북쪽 텔 유적

◀북쪽 텔의 유적

◀레몬 과수원을 경작하는 주민

# 이르나하스 Ir-Nahash (עִיר נָחָשׁ 뱀의 성읍)

키르벳 엔 나하스(Khirbet en-Nuhas)　　　　　30° 40′ 50.94″N 35° 26′ 10.31″E

구리 광산이 있었던 이르나하스(Ir-Nahash)는 드힌나의 아들 이르나하스라고 기록되어 있으나 이르나하스는 사람의 이름이라기보다 성읍의 이름으로 보는 것이 더 적합하다(대상 4:12). 70인역은 이르나하스를 나하스 성(City of Nahas)이라고 번역하고 있다. 이르나하스로 추정되는 장소는 글룩과 칼라이가 주장하는 곳으로 요르단의 부논 근처에 있는 키르벳 엔 나하스(Kh. en-Nuhas)와 아벨이 주장하는 곳으로 이스라엘의 베이트 지브린(Beit Gibrin)부근에 있는 데이르 나크카스(Deir Nakhkhas)이다.

키르벳 엔 나하스가 이르나하스로 추정되는 근거는 이르나하스의 뜻이 '뱀의 성' 또는 '구리의 성읍' 이라는 뜻을 가졌기 때문이다. 이곳은 부논 부근에 있는 큰 구리 광산이다. 이곳은 해발 80m에 위치하며 이곳에서 석동기, 초기 청동기 시대의 제련소, 전기 철기 시대의 토기 조각, 후기 철기, 로마 시대의 토기 조각, 광산, 제련소, 용광로가 발견되었다. 마믈룩, 오토만 시대의 제련소와 시대가 명기되지 않은 성벽의 기초, 석축, 광산, 용광로가 발견되었다.

텔 라기스 발굴 현장에서 만난
필자와 키르벳 엔 나하스를 발굴한
토마스 레비(Thomas E. Levy)교수 부부▶

▲용광로

구리 광석▶

페이난 (Feinan)                                         30°37′40.59″N 35°29′28.41″E

이스라엘 민족이 출애굽할 때 지나간 곳으로 살모나와 오봇 사이에 위치한 곳이다(민 33:42-43). 모세가 불 뱀에 물린 이스라엘 백성들을 구하기 위해서 놋 뱀을 만들어 그들을 구했던 사건의 배경이 되는 곳이다. 페이난(Feinan)이 부논으로 추정되는 이유는 부논의 이름이 보존되어 있으며 지리적으로 아라바 계곡의 동쪽에 있기 때문이다.

페이난은 이스라엘의 팀나와 함께 구리 광산으로 유명한 곳이다. 이곳에서 생산되는 구리 때문에 애굽은 에돔 지역을 장악하려고 했다. 이 지역에 약 250개의 구리 광산이 있으며 약 2만 톤의 구리를 이곳에서 생산한 것으로 보인다. 이르나하스로 추정되는 키르벳 엔 나하스 (Khirbet en-Nuhas)는 부논 부근에 있는 큰 구리 광산이다. 이곳은 해발 80m에 위치하며 이곳에서 석동기, 초기 청동기 시대의 제련소, 전기·후기 철기 시대와 로마 시대의 토기 조각, 광산, 제련소, 용광로가 발견되었다.

이 지역에 구리를 생산하고 남은 용재(Slag) 20만 톤이 여러 곳에 쌓여 있다. 페이난에서 주전 2200년부터 주전 1800년 사이에 사람이 살기 시작했고 이곳에서 제련된 구리가 이집트까지 수출되었다. 주전 10-9세기 동안 이스라엘은 이곳에서 구리를 채광했으며 로마 시대와 비잔틴 시대에는 물론 아랍 시대까지 번영을 누렸다. 유세비우스는 그리스도인들이 이곳에서 강제노동에 동원되었을 것이라고 했다. 비잔틴 시대 때 이곳에 교회와 수도원이 세워졌는데 수도원의

폐허에서 587-588년에 이곳의 주교였던 테오도레(Theodore)의 이름이 기록된 비문이 발견되었다. 1932-1934년에 이곳을 조사한 프랭크(Frank)는 네 개의 교회, 한 곳의 수도원, 두 곳의 무덤을 발견했다고 한다.

▲와디 페이난

## 살모나 Zalmonah (צַלְמֹנָה 어두운, 그늘진)

호르 산을 떠난 이스라엘 백성이 부논에 도착하기 전에 머물렀던 장소이다(민 33:41,42).

이곳은 호르 산과 부논 사이에 있었다는 것 외에는 장소를 추정할 만한 근거가 없다. 살모나의 추정지는 두 곳이 있다. 이스라엘 민족이 아라바 광야를 통하여 북상한다고 추정할 때에는 비르 마르꾸르(Bir Madhkur)로 추정하기도 한다. 이스라엘 민족이 가데스 바네아를 떠나 에돔과 교전하고 아랏과 교전한 후에 다말을 지나 살모나로 왔다고 할 때에 살모나는 알 살만네(al-Salmaneh)로 추정한다. 이와 같은 경로로 추정하면 알 살만네(al-Salmaneh)는 부논과 사해 사이에 있다.

가데스 바네아(Kadesh Barnea)에서 이스라엘 백성은 여러 날을 머물렀고 홍해 길로 갔다가 세일 산 지역으로 갔다(신 1:46-2:1). 이스라엘 백성은 가데스 바네아에서 세렛 시내를 건너기까지 38년이 걸렸다(신 2:14). 이 지역에는 아인 쿠데이라트, 아인 케세메(Ain Quseima), 아인 카데이스(Ain Qadeis)라는 3개의 샘이 있다. 이 지역에서 가장 큰 샘인 아인 쿠데이라트는 가데스 바네아로 동일시되며 이곳에는 이스라엘 백성이 머무를 수 있는 바네아 평원이 있다. 아인 쿠데이라트(Ain el-Qudeirat)는 비교적 적은 오아시스로 르비딤 보다는 작은 샘이지만 이 지역에서는 가장 중요한 물 공급지이다.

1914년 울리(wolley)와 로렌스(Lawrence)는 가데스 바네아를 아인 쿠데이라트와 동일시하였고 이제는 정설로 받아 들여지고 있다.

▲비르 마르꾸르 휴게소

# 살모나 [1]

## 비르 마르꾸르(Bir Madhkur)

30˚23´49.25˝N 35˚20´36.35˝E

아벨(Abel)은 비르 마르꾸르(Bir Madhkur)를 살모나로 추정하였다. 글룩(Gluek)은 이곳에서 나바티안, 로마 시대의 유적과 우물과 조그마한 샘물을 찾았으며, 페트라에서 아카바와 부논으로 가는 나바티안 카라반의 교역로인 것을 보았다고 하였다.이곳은 해발 270m의 낮은 경사지에 위치해 있으며 나바티안, 로마 시대의 토기 조각과 요새가 발굴되었고 비잔틴, 오토만, 이슬람 시대의 토기조각이 출토되었으며 시대가 명기되지 않은 성벽의 기초, 석축, 묘지가 발굴되었다. 이곳의 이름을 키르벳 마르꾸르(Kh. Madhkur)와 비르 마르꾸르(Bir Madhkur)로 부르기도 한다.

비르 마드꾸르(Bir Madhkur)에서 호르산까지 가는 고대 길이 지금도 존재하고 있다. 요르단의 65번 도로 옆에 세워진 새로운 마을에서 동쪽으로 들어가면 비르 마르꾸르라는 샘물과 유적과 비르 마르꾸르 마을이 있다.

# 살모나 -2

알 살만네(al-Salmaneh)                    30° 49′ 46.55″N 35° 24′ 41.45″E

아하로니(Aharoni)는 살모나(Calamona)의 로마 요새가 살모나의 이름을 보존하고 있다고 주장했다. 이곳은 알 살만네(al-Salmaneh) 라고 하는데 부논과 사해 사이의 동쪽에 있다. 이 지역에는 솔로몬의 이름을 가진 슐레마니아가 있다. 이곳에서는 출애굽 시대의 유적을 발견하지 못했기 때문에 고고학적인 지지를 받지 못한다. 그러나 지리적인 가능성은 있다. 알 살만네(al-Salmaneh)가 어느 곳인지는 확실하지 않다. 슐레마니아 지역 가까운 곳에는 '싯딤 나무의 성'이라는 뜻을 가진 카스르 엣 텔라(Qasr et-Telah)가 있는데 이곳을 알 살만네로 추정한다.

이곳에서는 초기 청동기, 철기, 후기 헬라 시대의 토기가 발견되었고 나바티안 시대의 토기, 농경을 위한 구조물, 석축이 발견되었고 로마 시대의 요새, 탑, 대상 숙소(caravanserai)가 발견되었고 시대가 확인되지 않은 방앗간, 수로, 저수조가 발견되었다. 살만네(as-Salmanah)의 좌표는 M.R.188-021이기에 이곳보다 남쪽 지역으로 되어 있으나 이 부근에서 발견된 로마 시대의 요새는 이 곳뿐이기에 이곳으로 추정하고 있다.

◀카스르 엣 텔라

## 데만 Teman (תֵּימָן 오른쪽에 위치한, 남쪽 땅)

투웨일란(Tawilan)　　　　　　　　　　　　　30°19´51.53˝N 35°29´06.04˝E

욥의 친구 엘리바스의 출신지였던 에돔 지역으로 데만은 에서의 손자(창 36:11; 대상 1:36)의 이름이기도 하며 이곳은 북 에돔 지역의 성읍과 부족의 명칭이라고 여겨진다(렘 49:20; 겔 25:13; 암 1:12). 데만의 주민들은 지혜롭고 슬기로운 사람들이 살았던 동네로 알려져 있었다 (렘 49:7). 데만 사람 엘리바스는 욥의 위로자 중에 하나이다. 데만 족장은 에돔의 추장으로 거명된다(창 36:15). 선지자들은 멸망할 에돔 성읍 중에 데만을 선택했다(렘 49:20). 예레미야와 에스겔의 예언 가운데 도단과 함께 자주 등장하는 곳으로 에돔의 수도로 추측되는 하나의 후보 지역이며 대도시의 하나로 추측된다. 이곳이 데만이라면 욥의 세 친구 중 한 사람인 엘리바스 의 출신지이다(욥 42:7). 하박국은 그가 큰 환상을 보면서 하나님이 데만으로부터 오시는 것을 보았다(합 3:3).

데만의 히브리어는 남쪽이라는 뜻을 가지기에 이 지역의 위치를 암시해주고 있다. 아모스의 예언 중 데만에 불이 내리고 보스라의 궁궐들이 불에 탈 것이라는 언급은 데만과 보스라가 가까이에 있는 것으로 추정하게 한다(암 1:12). 유세비우스는 데만을 에돔 지역으로 알고 있다. 글룩은 데만을 투웨일란(Tawilan)으로 동일시하였다. 그는 처음에는 이곳을 보스라로 추정하였으나 보스라가 부쉐이라로 추정되고 난 뒤에 투웨일란을 데만으로 보게 되었다. 데만은 해발 1,400m의 산기슭에 있는 넓이 24,500㎡의 유적지이다.

이곳에서는 석동기와 전기 철기 시대의 토기 조각이 발굴되었다. 후기 철기, 페르시아 시대의 주거지와 로마 시대, 우마야드 시대의 묘지와 무덤이 발굴되었고 마믈룩 시대, 오토만 시대의 탑이 발견되었다.

▲투웨일란의 유적

와디 무사와
투웨일란▶

요르단의성지 **229**

# 호르 산[1] 출애굽 Hor (הֹר הָהָר 산, 언덕)

## 자발 하룬(Jabal Harun)

30°18′59.54″N 35°24′23.50″E

에돔 땅에 있는 호르 산1(출애굽)은 모세의 형인 아론이 죽어서 장사된 곳이다(민 20:22; 21:4; 33:37; 신 32:50). 호르 산은 동명이지로서 성경에 두 곳이 있는데 호르 산1(출애굽)과 이스라엘의 북쪽 경계선에 위치하고 있는 호르 산2(레바논)이 있다(민 34:7, 8). 호르 산의 위치를 나타내는 성경의 내용은 에돔 국경에 있다는 것과 가데스와 살모나 사이에 있다는 것이다. 호르 산의 위치를 두 곳과 연결시켜서 가데스 바네아에서 남동쪽으로 24km 떨어진 마두라 산(Jabal Madurah)으로 추정되기도 한다. 이곳은 쉽게 접근할 수 없는 산악 지역이다. 일반적으로 호르 산을 페트라 근처에 있는 자발 하룬(Jabal Harun)으로 추정된다. 요세푸스는 호르 산이 페트라 근처에 있는 산들 중에 하나라고 했다.

주후 1세기부터 이 산을 아론의 산이라는 뜻을 가진 자발 하룬(Jabal Harun)이라고 부르고 있다. 이곳은 해발 1,330m의 고지대이기에 에돔 산지에서 가장 높고 험한 지역에 위치하고 있다. 이곳은 이 부근의 모든 지역들을 관찰할 수 있으며 정상 가까이에는 넓은 평지가 조성되어 있다. 이곳에서 나바티안 시대와 이슬람 시대의 토기 조각이 출토되었고, 시대가 명기되지 않은 동굴, 모스크, 수도원, 저수조와 무덤이 발견되었다. 이 산의 정상에는 아론의 무덤이라고 하는 무덤이 있는데 1320년에 복원된 이슬람의 사원 안에 있다. 이 무덤은 유스티아누스 황제 시대에 세워진 교회인 것으로 추정된다.

▼호르 산으로 올라가는 길

▲아론의 무덤▶

호르 산의 관리인들▶

## 마온² 요르단 Maon (מָעוֹן 주거)

마안(Maan)                                              30° 11′ 38.58″N  35° 44′ 13.68″E

   마온은 암몬 사람들과 함께 유다를 공격한 사람들의 성읍으로 여호사밧에게 패한 성읍으로
추정하는 곳이다(삿 10:12; 대하 20:1; 대하 26:7). 이곳은 지명으로 기록된 곳이 아니다. 이스라
엘에 적대적이었던 마온 사람(Maonites)들이 살았던 곳에서 마온이라는 지명을 추론하는 곳으
로 마온과 마온 사람들과의 관계는 명확하게 밝혀지지 않았다. 이곳은 유다 왕 히스기야 때에
무찌른 모우님 사람과 마온 사람들이 같은 사람들로 추정하기도 하나 확증되지 않았다(대상
4:41).
   성경에 마온은 동명이지로 마온 황무지에 있는 다윗의 피난지로 유다 지파의 성읍인 마온
1(이스라엘)이 있다(수 15:55). 이곳은  텔 마인(Tell Main)이라고 부르던 키르벳 마온(Kh.
Maon)과 동일시되었다.
   마온2(요르단)은 요르단의 마안(Maan)으로 추정하기도 한다. 마안은 해발 1093m의 지역에
위치한  곳으로 물이 있는 곳이기에 사람들이 거주할 수 있는 지역에 위치하고 있다. 마안은 고
대 교역로가 지나가는 중요한 위치에 있었다. 마안은  다메섹을 거쳐 하란으로 가는 길과 가사
와 메카를 연결하는 도로가 교차하는 교통의 요지에 있다. 가사에서 아브닷(Avdat)을 거쳐 사
우디 아라비아의 타북(Tabuk)과 드단과 메디나(Medina)와 메카(Mecca)로 연결되는 길은 마
안을 거쳐야했다. 오늘날도 마안은 요르단의 남북을 있는 도로가 지나가고 있으며 사우디아라
비아로 가는 도로와 연결되어 있는 교통의 요지이다,
   마안에는 거주지의 유적이 발견되었다. 마안 지역은 발굴이 이루어지지 않은 곳이다.  와디
옆에는 묘지가 있는 언덕은 고대의 거주지일 가능성이 있는 곳이다.  이 지역에 있는 함맘
(Hammam)은 요새의 유적이 있으며 여러 시대의 토기가 발견된 곳이다(30° 11′31.81″N 35°
44′41.78″E).

이스라엘 백성들이 출애굽할 때에 욧바다를 떠난 후 에시온게벨로 가기 전에 머물렀던 곳이다(민 33:35). 아브로나는 욧바다와 에시온게벨의 추정지인 텔 엘 칼레이페(Tell el-Khelifeh) 사이에 있는 아인 데피예(Ain Defiyeh)로 추정된다. 이곳은 요르단의 아카바 만에서 북서쪽으로 약 15㎞ 정도 떨어진 곳에 있는 곳이나 지금은 이곳에서 우물을 찾을 수 없기 때문에 정확한 위치를 찾기 어렵다.

이 지역의 이스라엘 영토에는 아브로나의 이름을 붙인 아인 아브로나(Ain Avrona)가 있다(29°40′22.98″N 35°00′49.88″E). 지금은 말라 버렸지만 과거에 물이 풍성할 때도 있었다고 한다. 이 지역은 과거에 아랍 시대의 고대농장이 있었던 곳으로 연결된 우물들(Chains of Wells)이라는 뜻인 푸가라스(Fugaras)가 있다.

▲이스라엘에 있는 아인 아브로나

▲아브로나 지역

## 에시온게벨 Ezion-Gebel (עֶצְיוֹן גֶּבֶר 용사의 척추)

이스라엘 백성이 아브로나에서 떠나 신 광야에 있는 가데스를 가기 전에 지나간 곳이다(민 33:35,36). 에시온게벨은 에돔 땅을 떠난 이스라엘 백성들이 아라바를 지나 모압 광야 길로 갈 때에 지나간 곳으로 엘랏과 같이 기록된 곳이다(신 2:8). 에돔의 땅이었던 이곳은 다윗이 에돔 을 정복하고 난 후에 솔로몬이 이 지역에 항구로 건설하여 이용하였다(왕상 9:26; 대하 8:17). 이곳에서 북쪽으로 25km 지점에는 팀나(Timna) 구리 광산이 있었다. 솔로몬은 이곳에서 히람 이 보낸 노련한 선원들과 같이 상선을 운행하여 오빌까지 무역을 했다(왕상 9:26-28). 스바 여 왕이 도착한 항구도 이곳으로 추정되고 있다. 남유다의 여호사밧 왕이 상선을 다시 만들고 해 상무역을 발달시키려 하였으나 상선들이 에시온게벨에서 파선하였기에 실패하였다(왕상 22:47-49; 대하 20:35-37). 일부 학자들은 출애굽한 이스라엘 백성들이 가데스 바네아 정탐 보 고가 실패로 끝나고 그 댓가로 광야 길로 돌이키려 했을 때 세렛 시내를 건너기까지 이 주변 지 역에서 살다가 이 광야 길을 따라 북상했다고 본다. 에시온게벨은 왕의 대로와 홍해 길이 이어 지는 중요한 교통의 요충지에 자리 잡고 있다. 에온게벨은 엘랏 부근에 있었으며(왕상 9:26) 아 브로나와 가데스 사이에 있었고 가까이에 욧바다가 있었다. 이곳은 항구이기 때문에 이 지역의 유일한 해안인 아카바 만에 있다. 에시온게벨은 두 곳의 추정지가 있는데 텔 엘 칼레이페와 바 로의 섬이다.

▼아라바의 해변

# 에시온게벨 −1

**텔 엘 칼레이페(Tell el-Kheleifeh)**    29°32′49.18″N 34°58′48.86″E

엘랏으로 추정되는 텔 엘 칼레이페(Tell el-Kheleifeh)는 아카바 만의 중간 지점에 북쪽으로 500m 떨어진 곳에 위치하고 있으며 해발 4m 높이의 지역으로 유적지의 크기는 4,800㎡이다.

이스라엘과의 국경선 가까이에 위치한 요르단에 위치한다. 이곳에는 흙벽돌로 한 평 넓이의 방인 네 개로 되어 있는 주거용 건물이 있었다. 이 건물의 용도는 확인되지 않았다. 이 건물이 생긴 이후로 확장되어 길이가 약 55m가 되는 성벽이 세워졌다. 또한 남쪽 벽에는 4개의 방이 있는 성문이 발견되었다. 이곳에서의 유적은 시대가 확정되지 않은 건물터와 주전 8-6세기의 후기 철기 시대의 요새화된 거주지와 주전 6세기 이후의 바사 시대의 요새화된 거주지와 헬라 시대의 요새화된 거주지로 추정되며 아랍 비문도 발견되었다. 이곳을 에시온게벨로 추정할 때 문제가 되는 것은 솔로몬 시대의 유적이라는 결정적인 증거가 아직 발견되지 않았다는 것이지 만 솔로몬 시대의 유적이 아니라는 증거도 나타나지 않았다.

글룩은 이곳을 에시온게벨로 보며 엘랏(엘롯)과 동일한 곳으로 추정한다. 이 지역은 관광단지 시설이 건설되고 있는 중이기에 텔 엘 칼레이페를 제외한 지역은 대규모로 건축 사업이 진행되고 있으나 아직은 답사가 거의 불가능한 지역이다.

▼아카바에서 바라본 에일랏

이집트의 바로의 섬은 항구로서 좋은 여건을 가진 곳이다. 이곳은 게지레트 파라윤(Gezeirat Faraun)이라고 불리며 산호 섬이라고 불리기도 한다. 이 섬은 타바 국경에서 약 11km 남쪽에 있으며 시내 반도에서 동쪽으로 180m 떨어진 곳에 있다. 이 섬은 길이가 400m가 되는 조그마한 섬으로 북쪽에 성채가 있으며 시내 반도와 마주보이는 서쪽에 조그마한 항구가 있는데 이 항구는 지금은 사용하지 않고 폐쇄되어 있다. 북쪽 언덕에 있는 성채는 비잔틴 시대의 주거지 위에 12세기 초에 십자군이 건축을 시작했고 그 후 1182년에 살라딘이 증축했다. 이 요새는 오토만 제국 시대인 18세기에 홍해의 해상 교통을 보호하기 위하여 증축되었다. 이곳의 남쪽에 있는 조그마한 언덕 위에는 비잔틴 시대의 폐허가 남아있다.

이 섬은 가까운 본토와 연결된 항구로 유용하게 사용했을 것으로 추정된다. 이스라엘이 1967년에 시내 반도를 점령한 후 해양 고고학자들이 관심을 갖고 조사하기 시작하였는데 해저 발굴을 통하여 방파제의 흔적과 토기들이 발견되었다. 대부분의 토기들은 후기 로마 시대와 비잔틴 시대의 것이었지만 솔로몬 시대인 철기 시대의 토기도 발견되었으며 탑의 기초 건축 양식은 솔로몬 시대의 것으로 추정된다.

▼바로의 섬(이집트)

에시온게벨 옆에 있는 엘랏은 엘롯(왕상 9:26; 대하 8:17; 26:2)이라고도 기록된 곳이다. 엘바란(El Paran; 바란의 나무)은 엘랏의 고대 지명으로 추정된다. 그돌라오멜과 동맹군들이 세일산을 지난 후에 도달한 광야 근방에 있었던 엘 바란은 성경에 한 번 기록된 지명이다(창 14:6). 그돌라오멜과 동맹군들은 엘바란에서 돌이켜 엔 미스밧, 곧 가데스에 이르렀다(창 14:7). 이들이 이동한 경로는 출애굽한 이스라엘 백성이 가데스에서 모압 지역으로 간 경로를 거꾸로 이동한 것과 같다(민 20:22; 21:4; 10:13; 신 1:46). 엘바란은 에돔 최남단 경계에 있는 고대 지명으로 추정된다. 엘랏은 이스라엘 백성이 에돔 땅을 떠나 모압 광야 길로 갈 때 지나간 곳이며 에시온게벨과 같이 기록되었다(신 2:8).

솔로몬 왕은 엘롯 근처에 있는 에시온게벨에서 배를 만들었다. 여호사밧 왕의 아들 여호람왕 시대에 에돔 족속이 반란을 일으켰으나 유다 왕 아사랴는 이 성읍을 점령한 뒤 성읍을 재건하였고 웃시야도 엘롯을 건축하였다(왕하 14:22; 대하 26:2). 아람 왕 르신은 엘랏을 정복하여 유다 사람들을 엘랏에서 쫓아냈다(왕하 16:6). 그 후 이곳은 다시 에돔의 땅이 되었다.

엘랏은 왕의 큰 길(왕의 대로)이 시작되는 교통의 요충지이며 이 지역의 유일한 항구였다. 지금은 요르단의 유일한 항구 도시인 아카바가 자리 잡고 있다. 엘랏을 추정하는 문제는 매우 미묘하다.

▲에일랏에서 바라본 텔 엘 칼레이페

에일랏에서 바라본
아카바 지역 ▶

# 엘랏 -1 Elath (אֵילַה 종려나무 숲)
## 텔 엘 칼레이페(Tell el-Kheleifeh)
29° 32′ 49.18″ N  34° 58′ 48.86″ E

엘랏으로 추정되는 텔 엘 칼레이페(Tell el-Kheleifeh)는 아카바 만의 중간 지점에 북쪽으로 500m 떨어진 곳에 위치하고 있으며 해발 4m 높이의 지역으로 유적지의 크기는 4,800㎡이다.

이스라엘과의 국경선 가까이에 위치한 요르단에 위치한다. 이곳에는 흙벽돌로 한 평 넓이의 방인 네 개로 되어 있는 주거용 건물이 있었다. 이 건물의 용도는 확인되지 않았다. 이 건물이 생긴 이후로 확장되어 길이가 약 55m가 되는 성벽이 세워졌다. 또한 남쪽 벽에는 4개의 방이 있는 성문이 발견되었다. 이곳에서의 유적은 시대가 확정되지 않은 건물터와 주전 8-6세기의 후기 철기 시대의 요새화된 거주지와 주전 6세기 이후의 바사 시대의 요새화된 거주지와 헬라 시대의 요새화된 거주지로 추정되며 아랍 비문도 발견되었다. 이곳을 에시온게벨로 추정할 때 문제가 되는 것은 솔로몬 시대의 유적이라는 결정적인 증거가 아직 발견되지 않았다는 것이지만 솔로몬 시대의 유적이 아니라는 증거도 나타나지 않았다.

글룩은 이곳을 에시온게벨로 보며 엘랏(엘롯)과 동일한 곳으로 추정한다. 이 지역은 관광단지 시설이 건설되고 있는 중이기에 텔 엘 칼레이페를 제외한 지역은 대규모로 건축 사업이 진행되고 있으나 아직은 답사가 거의 불가능한 지역이다.

# 엘랏 −2 Elath (אֵילוֹת 종려나무 숲)

아일라 (Ayla)　　　　　　　　　　　　29°31′50.96″N 34°59′58.28″E

　　로빈슨(Robinson)같은 학자는 텔 엘 칼레이페에서 약 2.5km 정도 떨어져 있는 아일라(Ayla)를 엘랏으로 추정된다. 그러나 아일라는 에돔 사람들에 이어 이 지역을 장악한 나바티안 사람들이 주전 1세기에 세운 성읍이다. 아일라(Ayla)는 로마 시대의 아일라와 초기 이슬람 시대의 아일라를 모두 포함한다. 버튼은 이 지역을 방문하여 노바티안과 로마 항구의 유물을 1878년에 발견했다. 그러나 그 도시가 발굴된 것은 1994년과 2002년 사이에 북 카롤리나 주립대학의 파커의 지도로 이루어졌다.

　　로마가 노바티아를 106년에 합병했을 때 아일라는 시리아와 홍해를 잇는 길인 비아 노바 트라자나의 종착지가 되었으며 주후 111-114년에 완공됐다. 3세기 후반에 열 번째 로마 군단은 예루살렘에서 아일라로 옮겨 머물렀다. 5세기까지 초기 비잔틴 시대에 아일라의 중요한 중심지는 남쪽 500m 지점으로 바뀌었고, 방어벽이 탑들과 함께 4세기 말이나 5세기 초에 세워졌다. 이 성은 6세기에 북쪽 면이 침식되면서 아마 사용하지 않았던 것 같다.

　　630년 아일라는 무슬림 세력에 평화적으로 항복했으며 주후 650년에 세워진 이슬람의 아일라는 발굴에 의해 남동쪽으로 옮겨짐을 알게 되었다. 아일라에서는 3세기 후반에 지어진 것으로 추정되는 교회 유적과 비잔틴 시대의 교회 유적도 발견되었다.

# 와디 람 Wadi Rum

아름답고 웅장한 경관으로 유명한 와디 람(Wadi Rum)은 신석기 시대부터 사람들이 살아왔던 곳으로 보인다. 이 지역은 유목민들이 이동로로 이용하였을 뿐 아니라 남부 아라비아 지역을 왕래하던 상인들의 교역로로 사용되었다. 와디 람에는 바위 표면에 남겨진 나바티안 시대의 암각화와 비문들이 있으며 나바티안의 왕이었던 아레다(Aretas) 4세 때에 복구된 신전이 발견되었다. 그 뿐 아니라 라벨(Rabbel) II세 시대의 거주지도 발견되었다.

와디 람의 구조는 요단 지구대를 만든 지각대변동에서부터 나온 것이다. 이 지역에서 가장 높은 산인 자발 람(Jabal Ramm)은 해발 1,754m의 높이로서 요르단에서 두 번째로 높은 산이다. 와디 람의 모래바위산들은 500-750m의 높이로 솟아있다. 와디 람은 화강암의 기반 위에 다양한 연령과 색깔을 가진 사암(Sandstone)들이 있는데 비와 바람이 사암들을 떨어지는 밀랍 초와 파이프 오르간이나 돔 같은 여러 가지 다양한 모양으로 변형시켜왔다.

요르단에서 가장 웅대하고 아름다운 와디 람은 경치 자체보다도 영화 아라비아의 로렌스의

배경과 촬영지로 더 유명해진 곳이다. 1962년에 제작된 피터 오툴이 주연한 아라비아의 로렌스로 유명해진 영국의 로렌스는 고고학을 전공하였기에 이 지역에 왔으나 1차 세계대전 때 오스만 터키에 대항하여 싸운 1918년 10월의 민족봉기를 도와 영웅이 되었다.

▲암각화

▲암각화가 있는 계곡

자연의 아치▶

# 우스 Uz ( 모래 땅)

와디 시르한(Wadi Sirhan)                                    31° 50′ 02.40″N 36° 49′ 11.63″E

욥의 고향으로 알려진 우스 땅은 성경에 세 번 기록된 곳으로 동방에 있었다(욥 1:1; 렘 25:20; 애 4:21). 성경에 세 사람의 우스가 나오는데 셈의 자손인 우스(창 10:23; 대상 1:17), 나홀의 아들 우스(창 22:21), 에돔 땅에 사는 디산의 아들 우스가 있다(창 36:28).

우스 땅은 이 세 사람 중의 하나인 우스가 정착하여 우스의 땅으로 알려졌다. 우스 땅은 동방에 있었는데 동방은 넓은 의미의 지역으로 아라비아 사막 접경지역과 암몬과 모압과 에돔 지역과 연결되는 곳이다. 우스 땅은 광야 부근에 있었으며(욥 1:19), 풀이 많은 목초지가 있는 곳이었다(욥 1:13). 우스 땅은 많은 왕이 있었던 곳이며(렘 25:20) 에돔과 연결이 되는 곳이었고(애 4:21) 스바와 갈대아 사람들이 습격할 위치에 있는 곳이었다.

우스 땅의 위치는 확실하지 않으나 여러 곳의 추정 장소가 있지만 다메섹 남쪽의 하우란(Hauran) 지역과 에돔과 북 아라비아 사이에 있는 지역이 가능성이 높은 지역이나 하우란 지역보다는 남쪽 지역으로 추정되는 것이 더 가능성이 있다.

70 인역의 후기(postscript)는 우스가 이두매와 아라비아 지역에 위치한다고 했다. 우스 땅의 추정지는 에드 드루즈 산(Jebel ed Druz)에서 남동쪽에 위치한 와디 시르한(Wadi Sirhan)이다. 이곳은 암만에서 동쪽으로 약 80km 지점에 있는 아즈라크(Azraq)에서부터 시작되는 큰 평원 지역이다. 이 평원은 대상들의 교역로의 교차로에 있는 아우프(Jauf) 지역까지 뻗은 평원이며 에돔의 동쪽 경계선에서 가까운 곳이다. 와디 시르한은 사막 가운데 있는 넓고 평평한 목초지로서 낮은 지역에 있기에 우기에 내린 비가 지표면과 지하에 스며들어 물이 풍부하다. 이곳의 지하에는 얇은 석회암 층이 형성되어 이곳은 물을 저장하는 지형이다.

고대에는 이 지역이 데마 사람과 세바 사람들이 이용한 대상로 가까이에 있었다. 이 지역에 있는 아즈라크(Azraq)에는 물소까지 사는 물이 풍부한 호수가 있는 습지대가 있는 곳이나 최근에 암만의 물 공급 때문에 물이 고갈되기 시작하여 옛 모습을 급속하게 잃어가고 있다.

이스라엘을 다스리던 십자군의 발드윈1세(Balwin 1)이 1115년에 세운 성이다. 이곳은 밀려오는 이슬람 세력에 대항하기 위해 세워졌으며 다메섹과 이집트를 연결하는 왕의 대로를 방어하기 위해 세워졌기에 왕의 대로에 위치하고 있다. 이곳은 이 지역의 농업 중심지인 쇼우박(Shobak) 마을 가까이에 있다. 살라딘이 1189년 봄에 이곳을 점령했다. 그 후에 13세기에 마믈룩 시대에 오늘날과 같은 성벽이 재건되었다. 그후에 19세기까지 이르는 오토만 시대까지 이 지역을 다스렸다. 1950년대까지 이 성은 몇 가구의 지역 주민이 살던 거주지였다.

이곳은 사방이 깊은 계곡인 천연적인 요새였다. 이 성의 물을 공급하기 위해 계곡에 있는 우물까지 비밀 통로가 있었다. 이곳은 페트라에서 북쪽으로 약 25km에 있으며 전형적인 요새의 위치에 있는 요새이다. 쇼우박은 근거는 미약하지만 데만으로 추정되기도 한다. 유세비우스

(Eusebius)나 제롬(Jerome)은 데만이 트랜스요르단의 남쪽에 있는 에돔 지역으로 보았다. 데만은 페트라에서 북쪽으로 5마일이나 15 마일 떨어진 곳으로 보기에 쇼우박을 데만으로 추정하나 막연한 추정일 뿐이다.

부록

# 1. 지역으로 보는 지명

## 길르앗 산 Mount Gilead (הַר הַגִּלְעָד 길르앗의 산)

야곱이 라반의 집에서 도망하여 도착한 곳으로 라반은 칠일 만에 야곱을 따라 잡았다(창 31:21,23). 길르앗 산은 요단 강 동쪽의 산악 지대를 가리키고 있는 지명으로 특정한 산을 뜻하지 않는다. 성경의 다른 곳에서도 길르앗 산악 지대를 가리키고 있다(아 4:1; 6:5; 렘 50:19). 성경에서 길르앗은 '길르앗 산지'(신 3:12), '요단 동편 길르앗'(수 17:5), '요단 저편 길르앗 아모리 사람의 땅'(삿 10:8), '요단 동편 온 땅 길르앗'(대상 5:10)이라고 불렸다. 길르앗 지역을 북쪽의 야르묵 강에서부터 얍복 강까지의 좁은 지역으로 보기도 하지만, 얍복 강 남쪽지역의 암몬과 모압 지역까지를 길르앗 지역으로 보기도 한다.

## 데가볼리 Decapolis (Δεκάπολις 열개의 도시)

열 개의 도시라는 이름을 가진 이곳은 성경에 세 번 기록된 지명으로 갈릴리 바다 동쪽과 남쪽의 지역을 가리키는 지명이다(마 4:25; 막 5:20; 7:31). 성경에서 데가볼리는 지역을 가리키는 뜻으로 사용되었으며, 갈릴리와 다른 갈릴리의 동쪽과 남부 지역을 뜻하기에 요단 강 건너편과 구분되어 기록되었고, 데가볼리 지방이라고 기록되기도 하였다(막 7:31). 예수님의 소문을 듣고 찾아온 사람들 중에는 데가볼리 지방의 사람들도 있었다(마 4:25). 예수님의 고침을 받은 귀신 들렸던 사람은 자기가 겪은 일을 가족에게 알리라는 예수님의 말씀에 순종하여 자신이 살고 있던 곳에서 예수님의 큰 일 행하신 것을 전파했는데, 그가 살던 곳이 데가볼리이다(막 5:20). 두로 지방에서 수로보니게 족속 여인의 딸을 고치신 예수님은 두로를 거쳐 시돈을 지나 데가볼리 지방을 지나 갈릴리 바다로 돌아오셨다(막 7:31). 데가볼리의 도시들의 위치와 데가볼리에 해당되는 도시들에 대한 것은 불확실하지만 데가볼리 지역에 대한 것은 거의 확실하다. 데가볼리 지방의 동쪽은 벧산이고 북쪽은 다메섹이며 남쪽 경계는 암만이었기에 길르앗 지역이 중심지였다. 이 지역은 수리아의 한 지역으로 여겨지며 교역로와 군사 도로가 지나가는 중요한 위치에 있었다.

알렉산더 대왕이 죽은 후에 알렉산더 군대의 퇴역한 군인들은 펠라(Pella)와 디온(Dion) 같은 헬라 도시를 세웠다. 펠라와 디온은 마게도니아식의 이름이다. 헬라 도시들은 헬라어를 사용하고 많은 이주민들을 끌어들였고 셈족 계열인 이 지방의 원주민과 대항하기 위하여 연합하기 시작하였다. 주전 218년에는 데가볼리의 중요한 도시인 벧산에 세워진 스키토폴리스와 펠라와 가다라(Gadara)와 아빌라(Abila)가 중요한 역할을 하는 도시가 되었다. 유대인들은 데가볼리의 여러 도시를 점령하여 통치하다가 주전 64-63년에 폼페이우스의 로마군에게 점령당했다. 폼페이우스는 로마의 통치에 반대하는 토착 세력을 견제하기 위해 데가볼리가 중요한 것을 알고 데가볼리에 속한 도시들을 로마 제국의 시리아 주에 귀속시켰다. 데가볼리에 사는 사람들은 로마에 충성하여 세금을 내면서 의무를 다해 자치권을 받았다. 주후 1세기 전까지는 데가볼리라는 명칭이 없었으나 신약시대에는 이 지역을 가리키는 지명이 되었다. 유세비우스(Eusebius)는 히포와 펠라와 가다라 부근에 있는 데가볼리에 대하여 기록을 남겼다. 요세푸스(Josephus)는 데가볼리의 도시 중에서도 큰 도시였던 요단 강 서쪽에 있는 스키토폴리스에서 대하여 언급했으며 데가볼리가 잘 알려진 곳이라고 했으나 도시의 목록은 기록하지 않았다.

주후 75년경의 로마의 역사가인 플리니(Pliny)는 데가볼리에 속하는 열 개의 도시를 다음과 같이 기록했다. 그는 데가볼리에 속한 도시를 스키토폴리스(Scythopolis; 벧산), 히포(Hippo), 가다라(Gadara), 펠라(Pella), 빌라델비아(Philadelpia: 암만), 거라사(Gerasa; Glasaf). 디온(Dion), 카나타(Canatha ; 카나와트(Qanawat-시리아). 다메섹(Damascus), 라파나(Raphana)로 기록했다.

주후 2세기의 지리학자인 프톨레마이오스(Ptolemaios)는 데가볼리에 대한 기록을 남겨 놓았다. 그는 라파나를 아빌라(abila)로 대치했고, 카나타(Canatha)가 아닌 카나타(Kanata)로 대치했다. 그는 카피톨리아스(Capitolias), 에드레이(Edrei), 보스라(Bosra), 아빌라 루사니우스(Abila Lysanius), 헬리오폴리(Heliopolis), 히나(Hina), 사나(Saana)를 첨가시켰다. 이 도시 중에서 에드레이는 성경에 기록된 지명(수 19:37)으로 지금은 데라(Dera)라는 시리아의 도시이다. 데가볼리 중에서 성경과 관련된 곳은 스키토폴리스(Scythopolis; 벧산), 가다라, 거라사, 빌라델피아(암만; 성경의 랍바), 카나타(그낫), 에드레이였다. 카나타는 오늘날 카나와트(Qanawat)라고 불리며 그낫(민 32:42)의 추정지이다.

플리니(Pliny)는 다메섹을 데가볼리의 목록에 포함시켰다. 다메섹은 지역적으로는 데가볼리 지역에서 너무 멀리 떨어져 있기에 데가볼리 지역에 포함되지 않으나 군사 중심지와 상업 중심지로서 매우 중요한 도시였다. 최근의 역사학자들은 카피톨리아스(Capitolias)를 데가볼리에 자주 포함시키고 있다. 데가볼리에 거론되는 도시들은 대부분 확정되었다. 디온의 위치는 확정되지 않았으나 길르앗 라못의 추정지인 엘 후슨이 추정되기도 하며 시리아에 있는 텔 엘 아사리( Tell el Ashari)로 추정되기도 한다. 텔 엘 아사리( Tell el Ashari)는 야르묵 강 북쪽에 위치하고 있으며 가다라에서 북동쪽으로 약 32km 떨어진 곳이다.

라파나는 라폰(Raphon 마카베오상 5:37)과 같은 곳으로 추정되는데 이곳은 시리아의 에르 라페(er Rafe)로 추정되고 있다.

## 아빌라 (Abila)    32°40′51.70″N 35°52′09.26″E

아빌라(Abila,Abela)는 아랍어로 쿠웨일베(Quweilbeh, Qwelbeh, Quuailibah)로 부르는 곳이다. 이곳은 다메섹 서쪽에 있는 라사니우스 아빌라(Lysanias Abila)와는 다른 곳이다. 아빌라는 히브리어로는 초장(meadow)이며 아랍어로는 푸르게 자라는(grow green)의 뜻이다. 성경에는 아벨이 들어간 지명들이 있으며 이 지명은 농경이나 목초지와 연결된 곳에 위치하고 있다. 이 지명은 아벨 벧 마아가(아벨, 아벨마임, 벧마아가 아벨), 아벨므홀라, 아벨 싯딤, 아벨 그라밈이다. 그러나 애굽 사람의 큰 애통이라는 뜻을 가진 아벨 미스라임(창 50:11)은 다른 뜻을 가진 장소이다. 유세비우스와 제롬은 아빌라를 데가볼리로 보았다. 1980년부터 1990년까지의 발굴을 통하여 이곳은 아빌라로 동일시되었다.

아빌라(Abila)는 벧 아벨로 동일시되는 텔 이르비드(Tell Irbid)에서 북동쪽으로 약 15km지점에 위치하고 있다. 이곳은 갈릴리 바다의 동쪽에 있는 데가볼리의 하나인 히포(HIppo)로부터 약 25km 떨어진 곳에 있으며 시리아와의 국경을 이루고 있는 야르묵 강에서 남쪽으로 약 4km 지점에 있다. 이곳은 북쪽의 케피톨리아스(Capitolias)인 베트 라스(Beit Ras)에서 북쪽으로 약 10km 떨어져 있으며 펠라에서 북동쪽으로 약 40km 떨어져 있다. 아빌라는 가까이에 벧산, 가다라(Umm Qeis), 거라사(Jarash)가 위치해 있다.

이곳은 북쪽에 있는 텔 아빌라(Tell Abila)와 남쪽에 있는 텔 움 엘 아마드(Tell Umm el Amad)의 두 언덕으로 이루어져 있다. 남쪽에 있는 텔 움 엘 아마드에 있는 D지역(Area D)에는 7세기에 건축된 바실리카(Basilica)가 있다. 이 지역의 중심지였던 D지역(Area D)에는 급경사지에 건설된 극장의 유적이 있고 바실리카가 있으며 포장된 도로의 일부분이 발굴되었다. 북쪽에 있는 E 지역(Area E)에는 또 하나의 바실리카가 있다. 텔 아빌라는 1982년부터 발굴되었고 텔 움 아마드는 1984년부터 1990년에 발굴되었다.

## 베트 라스 (Beit Ras)

베트 라스는 벧 아벨로 추정되는 이르비드에서 북쪽으로 약 5km떨어진 곳에 있다. 발굴이 이루어진 이곳은 케피톨리아스(Capitolias)라고 부르던 로마 도시였다.  이곳은 약 20에이커로 추정되는 유적으로 주후 2세기에 건설된 성벽이 있고 큰 규모의 극장이 있던 곳이다. 이곳에서는 헬라 시대의 토기, 초기 로마 시대의 요새화된 거주지, 후기 로마 시대의 요새화된 거주지, 신전, 도로, 저수조, 동굴 무덤, 헬라 비문이 발견되었다. 비잔틴 시대의 교회, 거주지, 저수조, 동굴 무덤이 발견되었고  우마야드 시대의 궁전, 거주지, 포도주 틀, 저수조가 발견되었다.  이곳은 십자군 시대와 오토만 시대와 현대에 이르기까지 거주지로 사용되었다.

## 세일 산 [2] 에돔 Mount Seir (שֵׂעִיר 거칠은 산)

성경에 세일 산(창 14:6), 세일 땅(창 32:3), 세일(창 33:16)으로 기록되어 있으며 성경에 35회 기록된 곳이다. 성경에서 세일 산은 유다의 북쪽 국경을 이루고 있는 세일 산 1(유다; 수 15:10)과 에돔의 세일 산 2(에돔)과 동명이지이다.

세일 산은 동쪽으로는  사막지대이고 서쪽으로는 아라바 계곡이며 남쪽으로는 와디 엘 히스메(Wadi el-Hismeh)와 북쪽으로는 성경의 세렛 시내로 동일시되는 와디 엘 하사까지의 산맥을 가리킨다. 북쪽 지역은 산(Jebal)으로 부르며  히스메 골짜기가 보이는 동서쪽에 이르는 낮은 지역은 라스 엔 나크브(Ras en-Naqb)이며 아카바 만과 이어지는 남서쪽 지역은 샤파트 이븐 야드(Shafat Ibn Jad)이다. 세일 산 지역의 대부분은 해발 1700m에 이르는 높은 고원지대이며 고원의 변두리에 속하는 지역은 매우 험하여 사람이 거의 통과할 수 없을 정도로 숲이 매우 울창했지만 제1차 세계 대전 기간에 완전히 황폐해졌다. 세일 산은 에서와 그의 후손인 에돔 족속이 호리 족속(창 14:6; 36:20-21; 신 2:1-8,12)을 쫓아내고 차지하여 살던 지역이기에 (창 32:3; 33:14,16; 36:8; 수 24:4; 삿 5:4) 세일 산은 에돔을 뜻하는 용어로도 사용되었다(민 24:18; 겔 35:1-15).

에돔 사람들은 세일 산 사람으로 알려질 정도로 세일 산은 에돔에서 중요한 지역이었고 때로는 에돔과 같은 뜻으로 사용되었다(대하 20:10,22,23; 25:11,14). 세일은 이사야가 두마의 경고에 대한 예언을 할 때에 언급되었다. 에스겔은 모압과 세일이 받을 심판을 예언할 때에 언급이 되었다. 세일은 모압과 같은 언급이 되었다(겔 25:8). 에돔의 멸망이 예언될 때에 에돔은 세일 산과 에돔 온 땅이라고 하였기에 에돔 땅에서 세일 산은 가장 중요한 지역이었다(겔 35:2,3,7,15)

## 싯딤 골짜기 (싯딤3;염해) Valley of Siddim (עֵמֶק הַשִּׂדִּים 평원의 골짜기)

메소보다미아에서 온 네 명의 왕들과 소돔 주위의 다섯 왕이 싸우던 곳(창 14:3,8)으로 염해(사해)와 동일시되고 있다(창 14:3). 이곳에는 역청 구덩이가 많아 소돔과 고모라 왕이 패전하고 달아나다가 역청 구덩이에 빠지기도 했다(창 14:10). 싯딤 골짜기는 염해(사해)의 남쪽 지역으로 추정되며 이곳은 얕은 바닷물에 덮여 있었던 곳으로 보인다. 싯딤은 동명이지이나 히브리어어는 다르며 싯딤1(납달리; Ziddim;수 19:35), 싯딤2(모압; Shittim; 민 25:1, 33:49; 수 2:1; 3:1; 미 6:5), 싯딤3(염해; Siddim), 싯딤4 (골짜기; Shittim;욜 3:18)이 있다.

## 아라바[1] 시내 Arabah (사막, 광야의 계곡)

갈릴리 바다의 남쪽 끝 부분에서부터 사해를 지나 홍해가 있는 아카바 만까지 이어지는 건조하고 황량한 계곡이다. 이곳은 이스라엘의 지형에서 중요한 지역을 나타내고 있다(암 6:14). 아라바 광야가 중요한 이유 중의 하나는 이스라엘 백성들이 출애굽 할 때 지나간 통로였기 때문이다(신 1:1,7; 2:8). 아라바 시내 주위에는 출애굽과 관련된 장소들이 많이 있다. 아라바1(시내)는 넓게는 갈릴리 남쪽으로 부터 홍해의 아카바 만까지의 지역이지만 요즈음은 좁은 의미로 사해 남쪽에서 부터 아카바 만까지의 지역을 가리킨다. 아라바 시내는 길이가 약 170㎞ 정도가 되고 폭은 4-6㎞이며 물이 흐르는 강이 없는 메마르고 황량한 곳이다. 아라바 시내는 아카바 만에서 약 70㎞ 까지는 200m 정도로 높아졌다가 사해까지 90㎞를 지나가는 동안 약 600m를 내려가는 특이한 지형을 가지고 있다. 아라바는 아라바1(시내)와 아라바2(베냐민)와 아라바3(마온)와 동명이지이다. 아브넬은 기브온에서 패전한 후에 아라바를 지나 요단을 건너 도망쳤으며(삼하 2:29) 이스보셋을 죽인 사람들은 헤브론에 있는 다윗에게 목을 벤

이스보셋의 머리를 주려고 아라바 길을 갔다(삼하 4:7). 시드기야 왕은 예루살렘에서 도망할 때 아라바 길(삼하 4:7; 왕하 25:4; 렘 52:7)을 이용했다. 사해인 염해는 아라바 바다(왕하 14:25)라고 불렸는데 아라바 시내에 있는 바다라는 뜻으로 이해할 수 있다. 이 지역은 농경이 거의 불가능한 지역이지만 교통 때문에 중요한 지역이 되었다. 아라바 시내의 남쪽에 있는 에시온게벨이나 엘랏은 가나안 땅의 남서쪽의 관문이었다. 에시온게벨은 해상 교통의 중요한 항구였기에 에돔 지역을 거쳐 왕의 큰 길(왕의 대로)과 연결되는 교통의 중심지였다. 아라바 시내를 동서로 연결하는 교통로는 아그랍빔 비탈길을 통하여 브엘세바와 가사로 연결되었다.

## 아바림 산 Mount Abarim (הַר הָעֲבָרִים 강 건너편 지역의 산)

모세가 가나안 땅을 바라본 곳이며 느보 앞에 있어 이스라엘 백성들이 진을 쳤던 곳으로 이스라엘 백성들은 이곳을 떠나 모압 평지로 갔다(민 27:12; 33:47, 48). 모세가 가나안 복지를 바라보았던 느보 산(신 32:49)과 관련된 성경의 산은 느보 산, 비스가 산(신 3:27), 아바림 산(민 27:12; 33:47,48)이 있다. 느보 산, 아바림 산, 비스가 산의 정확한 위치를 추정할 수는 없으나 세 곳을 같은 지역으로 보기에 이명동지로 볼 수 있다. 성경에는 아바림 산이 느보2(르우벤) 앞에 있다고 하였고(민 33:47), 아바림 산과 느보 산이 같은 장소에 있다고 하였다(신 32:49). 아바림 산은 느보 산과 같은 곳이거나 느보 산의 어느 지점으로 추정되기도 하며 이 지역에 있는 산들을 아바림 산맥으로 보기도 한다(신 32:49).

## 요단 강 건너편 (the other side of the Jordan (πέραν τοῦ Ἰορδάνου 요단 강 건너편)

요단 강 건너편은 예수께서 세례를 받으신 베다니를 설명할 때에 베다니의 위치를 표현 하기도 했지만 트랜스 요르단 지역에 있는 베레아(Beroea) 지역을 뜻하기도 했다(요 1:28). 베레아는 '요단 저편'의 뜻을 가지고 있으며 헤롯 대왕이 죽은 후에 아들인 헤롯 안티바스가 베레아와 갈릴리를 물려받아 통치하였다.

### 장막에 거주하는 자의 길 the route of the nomads (דֶּרֶךְ הַשְּׁכוּנִי בָּאֳהָלִים 장막에 거주하는 자의 길)

사사 기드온이 미디안 사람들을 추격할 때에 길이었던 이 길은 성경에 한 번 기록된 지명 이다(삿 8:11). 이 길은 랍바에서 동쪽에 있는 사막으로 가는 길로 공동번역에서 목동들의 길로 번역되었다. 장막은 유목민과 목동들과 군인들이 사용한 이동식 가옥이다. 베드윈(Bedouin) 족이 사용하는 장막은 처음에는 짐승의 가죽으로 만들었으나 그 후에는 흑염소의 털을 이용하여 손으로 짠 천으로 만들었다.

### 평지 (Mishor) (שְׁפֵלָה 평지) /평원

아르논 강의 북쪽 지역은 해발 600-700m의 고원지대로 메드바와 헤스본 사이의 고원에 있는 평지를 미솔(Mishor)이라고 하였고, 성경에 미솔은 평지나 평원의 뜻이 있으나 관사와 결합되어 사용하면 르우벤 지파에 영토인 메드바 지역의 평지(수 13:9,16,17,21; 20:8) 또는 평원(신 3:10; 4:43)을 가리킨다. 모세가 이스라엘이 정복한 영토를 언급할 때에 평원의 모든 성읍이라고 지적한 곳은 미솔을 의미한다(신 3:10; 4:43). 모세가 르우벤 자손의 기업을 분배할 때에 메드바 곁에 있는 온 평지가 포함되어 있는데 이 평지는 미솔(Mishor)을 기리킨다. 예레미야가 모압의 멸망을 예언할 때에도 미솔이 언급되었는데 평지로 번역이 되었다(렘 48:21). 이곳은 다윗의 군대가 암몬 자손의 연합군과 싸운 곳이기도 하다(대상 19:7). 이 평지(Mishor)는 북쪽은 헤스본이고 남쪽은 아르논 골짜기이고, 서쪽은 사해의 경사지이고, 동쪽은 사막인 곳이다.

### 평지 성읍 /그 지역의 도시들 The cities of the Plain (עָרֵי הַכִּכָּר 지역의 성읍)

소돔과 고모라와 소알과 아드마와 스보임이 있었던 사해 지역의 성읍을 평지 성읍이라고 불렀다(창 13:12). 개역한글판에서 평지 성읍(平地城邑)이라고 번역했으나 개역개정판에서 그 지역의 도시들이라고 번역한 곳이다. 이곳은 하나님의 심판으로 멸망된 성읍들과 같은 곳이다(창 19:25,28,29). 이곳은 지금의 사해 남단 지역에 있었을 것으로 추정된다.

## 2. 위치가 불분명한 지명

### 갈골 Karkor (קַרְקֹר 기반)

기드온의 삼백 용사가 이스라엘을 공격한 미디안 군사를 요단 강 동편까지 추격하여 미디안의 왕인 세바와 살문나의 군대가 머무른 곳을 공격하여 격파한 곳이다(삿 8:10). 성경에 한 번 기록된 곳으로 정확한 위치는 알 수가 없으나 브누엘, 노바, 욕브하 부근에 있었던 곳이다.

### 골짜기 가운데 있는 성읍 the town that is in the middle of the valley

골짜기 가운데 있는 성읍은 이스라엘이 요단 동쪽에 있는 기업을 분배할 때에 언급된 성읍으로 아르논에 있는 아로엘 다음으로 언급된 성읍이다(수 13:9). 이 성읍은 르우벤 지파에게 분배된 성읍이 되었다(수 13:16). 이 골짜기가 어느 골짜기를 가리키는지 알 수가 없어 논란이 된다. 모세가 헤스본 왕 시혼을 공격할 때에 하나님께서 주신 모든 땅을 언급할 때에 예로 들었던 중요한 성읍이었다. 모세는 이 지역의 정복한 영토를 아로엘과 이 성읍과 길르앗까지의 모든 성읍이라고 표현하였다(신 2:36). 이 성읍은 아르논 가에 있는 성읍과는 다른 곳으로 보인다(민 22:36). 이곳은 골짜기 가운데 있는 성읍이라고 기록된 아로엘과는 다른 곳으로 보여지나 확실하지 않다(삼하 24:5). 이곳에 기록된 아로엘은 아르논 골짜기에 있는 아로엘2(아르논)이 아니라 갓 지파의 아로엘3(암몬)이다(수 13:25). 골짜기 가운데 있는 성읍은 확실하지 않기에 여러 추정 장소가 있다. 아르논 골짜기의 남쪽 언덕에 있는 키르벳 엘 무데이나(Khirbat al-Mudayna)는 최근에 추정되는 장소이다. 아벨(Abel)은 와디 살리야(Wadi Saliya)와 와디 사이데(Wadi Saʻideh)가 만나는 지점에 있는 키르벳 엘 무데이나(Khirbat al-Mudayna)로 추정한다. 므데이나는 도시라는 뜻을 가지고 있기에 여러 유적지의 이름이다. 이 성읍을 성읍이 아닌 아르논 골짜기에 있는 전초기지(outpost)로 추정하기도 한다.

### 기럇 후솟 Kiriath Huzoth (קִרְיַת חֻצוֹת 거리의 성읍)

모압 왕 발락이 선지자 발람을 아르논 강가에 있는 성읍에서 영접한 후 데리고 온 성읍으로 발락은 소와 양을 잡아 발람과 고관들을 대접하였다(민 22:39). 기럇 후솟은 성경에 한 번 기록되었으며, 아르논 근처에 있었으나 위치는 확인되지 않았다.

## 두마 [2] 에돔 Dumah (דּוּמָה 침묵)

두마는 두마 1(유다; 수 15:52), 두마 2(에돔), 두마 3(아라비아; 창 25:14; 대상 1:30)와 동명 이지이다. 이사야가 경고한 이곳은 성경에 한 번 기록된 곳으로 세일 산과 같은 곳으로 여겨 진다(사 21:11). 두마에 대한 경고 후에 세일과 연결되기에 두마는 에돔을 가리키는 상징적인 이름으로 보이나 확실하지 않다(사 21:12).

## 라사 Lasha (לֶשַׁע 끓는 샘)

가나안의 경계를 기록할 때 평지 다섯 성읍 가운데 마지막에 기록된 성읍으로 성경에 한 번 기록된 지명으로 정확한 위치를 알 수 없다. 라사를 칼릴로에(Callirrhoe)로 추정하기 도 하나 확실하지 않다(창 10:19).

## 마스레가 Masrekah (מַשְׂרֵקָה 포도원)

이스라엘이 나라가 되기 전에 에돔을 다스리던 왕 삼라의 성읍이었다. 마스레가는 성경에 두 번 기록된 성읍이다( 창 36:36; 대상 1:47). 유세비우스(Eusebius)는 제벨레네 지역 (Gebalene Region)에 있다고 기록하였다. 이곳은 길하레셋인 케락(Karak)의 남쪽 12km 지 역이라고 보기도 하나 확실치 않다. 아벨(Abel)은 무스라크 산(Jabal al-Mushraq)이 그 이름 을 보존한다고 했다. 이곳은 마온으로 추정하는 마안에서 남남서쪽으로 약 36km 떨어진 곳 에 있는 곳에 있는 나바티안의 유적인 키르벳 엘 테라제(Khirbat al-Telajeh) 부근에 있다. 그 러나 무스라크는 동쪽이라는 뜻을 가지고 있는 막연한 뜻을 가진 산이기에 마스레가와 결부 시키는 데에 무리가 있다.

## 모압 성읍 a city of Moab (עִיר מוֹאָב)

발락이 브돌에서 오는 발람을 모압 국경까지 가서 영접한 성읍으로 아르논 가까이에 있었 다(민 22:36). 개역과 개정역에서는 모압 변경의 끝 아르논 가에 있는 성읍 이라고 번역되 었다. 모압과 아모리의 경계가 되는 아르논 골짜기는 와디 엘 무집(Wadi el-Mujib)으로 아르 (Ar)로 추정하기도 하나 아르라는 단어 자체가 성읍의 뜻이고 아르의 추정 장소가 여러 곳이 기에 이곳에 대한 위치는 확실하지 않다.

## 미스갑 Misgab (מִשְׂגָּב 언덕, 요새)

예레미야가 모압에 대한 멸망을 예언할 때 느보와 기랴다임과 함께 멸망당할 성읍이라고 예언하였던 곳으로 그 위치는 정확히 알 수 없다(렘 48:1).

## 미스베 [4] 모압 Mizpah (מִצְפֵּה מוֹאָב 망대, 파수하다)

사울의 추격을 받아 도망가던 다윗이 자신의 부모를 모압 왕에게 맡겼던 곳으로 정확한 위치는 알 수 없다(삼상 22:3). 공동번역에서 모압의 미스바로 번역되었다.

## 밉살 Mibzar (מִבְצָר 요새)

에돔의 족장의 명단에 나온 곳이다. 보스라와 같은 곳이라고 추정되기도 하지만 확실치 않으며 정확한 위치를 확인할 수 없다(창 36:42).

## 바우 Pau (פָּעוּ 가축의 울음) /바이

에돔 왕의 족보에서 나온 에돔의 성읍이다(창 36:39). 바알하난이 죽은 후 하달이 왕이 된 곳으로 바이(대상 1:50)와 이명동지이며 정확한 위치는 알 수 없다.

## 바잇 Bajith (בַּיִת 집)

이사야가 모압의 멸망을 예언할 때 모압 사람들이 올라가서 울던 곳으로 그 정확한 위치는 알 수 없다(사 15:2).

## 비드론 Bithron (בִּתְרוֹן 협곡)

다윗의 군대와 사울의 군대가 싸울 때에 아브넬의 부대가 요압이 이끄는 다윗의 부대에 패하여 패주한 곳으로 성경에 한 번 기록된 곳이다(삼하 2:29). 비드론은 요단 강과 마하나임 사이에 있는 지역이기에 비드론 온 땅이라고 했으며 정확한 위치는 확인되지 않았다.

## 사웨 기랴다임 Shaveh-Kiriathaim (שָׁוֵה קִרְיָתַיִם 기랴다임의 평원)

기랴다임의 평원이란 뜻을 가지고 있으며 성경에 한 번 기록된 곳이다(창 14:5). 그돌라오멜 중심의 북부 동맹군이 쳐들어 와 지금의 요르단 지역을 공격할 때 엠 족속과 싸운 장소로 기랴다임(민 32:37) 부근으로 추정된다. 기랴다임은 이명동지로 성경에 르우벤 지파의 기랴다임2(르우벤)과 납달리 지파의 땅이 된 갈릴리 지역의 기랴다임1(납달리; 대상 6:76)이 있다. 엠 족속이 살던 사웨 기랴다임(창 14:5)과 르우벤의 기랴다임은 동일한 장소일 수도 있다. 기랴다임2(르우벤)과 사웨 기랴다임이 다른 장소이면 성경에는 세 곳의 기랴다임이 있는 것이지만 사웨 기랴다임은 기랴다임 부근의 평원으로 추정한다.

### 셀라 [3] 모압 Sela (סֶלַע 바위)

이사야가 모압의 심판을 예언할 때 통치자에게 어린 양을 바치라고 명령한 성읍으로 성경에 한 번 기록되었고, 위치는 확인되지 않았다(사 16:1).

### 소빔 들 the field of Zophim (שְׂדֵה צֹפִים 파수꾼들의 들)

발락 왕이 발람 선지자에게 이스라엘 백성을 저주하라고 데리고 간 곳으로 성경에 한 번 기록되었다(민 23:14). 소빔 들은 비스가 산의 꼭대기로 가는 길에 있었다. 소빔이 파수꾼들이라는 뜻을 가졌기에 '파수꾼들의 들'이라고 읽을 수도 있다. 공동번역에서 이곳을 '감시소'라고 번역하였다. 소빔 들은 사해의 북동쪽 부근으로 보이나 정확한 위치는 확인되지 않았으며 탈라앗 에스 사파(Talaat es-Safa)에 지명이 남아 있다.

### 수바 Suphah (סוּפָה 회오리바람, 폭풍)

이스라엘 백성이 출애굽하여 모압의 경계인 아르논 골짜기에 이르렀을 때에 여호와의 전쟁기에 기록된 지명으로 수바의 와헙이라고 불렸으며 성경에 한 번 기록되었다(민 21: 14). 수바는 회오리바람을 뜻하는 단어로 넓은 지역을 가리키고 와헙은 어떤 성읍을 가리키는데 두 곳의 위치는 아르논 골짜기 부근이라는 것 외에는 알 수 없다.

### 스보임 [3] 평지 성읍 Zeboim (צְבֹיִם 영양(羚羊), 광채)

소돔과 고모라 부근에 있었던 평지의 다섯 성읍 중의 하나로 소돔, 고모라, 아드마 부근에 있었으며(창 10:19) 동방의 연합군과 싸워 패전한 성읍(창 14:1-10)이었으나 소돔과 고모라와 같이 멸망한 곳이었다(신 29:23). 스보임은 동명이지로 스보임1(베냐민), 스보임2(골짜기), 스보임3(평지성읍)이 있다. 스보임은 호세아의 예언에 아드마와 같이 언급되었다(호 11:8). 맘슨(Monson)은 이 지역에서 중요한 유적으로 소돔으로 추정하는 밥 에드라(Bab edh-Dhra)와 고모라로 추정하는 텔 엔 누메이라(Tell en-Numeira)와 함께 페이퍼(Mgbart Fifa), 카나지르(Khanazir)를 언급한다. 이런 관점에서 보면 페이퍼는 아드마로 추정하기도 하며 카나지르는 스보임으로 거론되기도 한다. 스보임으로도 추정하는 카나지르는 평지의 남쪽의 급경사를 이루는 언덕 위에 자리 잡고 있으며 이 지역에는 많은 유적들이 있는 지역이다. 카나지르(Khanazir)는 물이 풍부한 지역에 있으며 페이퍼(Mgbart Fifa)에서 남쪽으로 약 7km 떨어져 있다. 이곳에서는 석동기, 후기 청동기, 철기, 나바티안, 로마, 비잔틴,이슬람 시대의 토기들이 발견되었다. 그밖에 석동기 시대의 무덤, 철기 시대, 시대가 확인되지 않은 시대의 탑, 시대가 확인되지 않은 시대의 성벽 기초와 무덤이 발견되었다.

## 아윗 Avith (עֲוִית 죄를 짓다)

에돔 땅을 다스리는 왕의 계보에 기록된 곳이다. 모압 들에서 미디안을 물리친 에돔 왕 브닷의 아들 하닷 왕의 도성으로 성경에 두 번 기록되었다(창 36:35; 대상 1:46).

하닷은 구웨이드(Ghu waith) 족속에 속했으며 아윗은 이 족속의 도성으로 제시되기도 하나 이곳의 위치는 확인되지 않았다. 아벨(Abel)은 아윗을 마안(Maan)과 엘 바스타(el-Basta) 사이에 있는 키르벳 엘 지트테(Khirbet el-Jiththeh)로 추정되기도 하나 확실하지 않다.

## 아이 ² 암몬 Ai (עַי 폐허)

예레미야가 암몬이 받을 심판을 예언할 때 헤스본과 같이 심판받을 곳으로 성경에 한 번 기록되었으며 그 위치는 정확히 알 수가 없다(렘 49:3). 아이는 동명이지로서 아이1(벧엘; 창 12:8)과 아이2(암몬)이 있다.

## 에글랏 셀리시야 Eglath-Shelishiyah /에글랏 슬리시야 (עֶגְלַת שְׁלִשִׁיָּה 암컷 송아지)

예레미야는 모압이 황폐해질 것을 예언하면서 이 지역에 사는 사람들이 울부짖을 것을 예언했다. 에글랏 셀리시야는 요르단의 소알, 호로나임 부근에 있었다(렘 48:34). 이사야가 모압의 황폐를 예언한 에글랏 슬리시야(사 15:5)는 번역상의 차이일 뿐 같은 지명이다. 이사야가 모압의 황폐함을 예언할 때 모압의 피난민들이 피난할 곳으로 예언한 곳으로 소알 부근에 있었다(사 15:5). 히브리어로 '세 번째 에글랏' 이라는 뜻으로 언급된 지명으로 그 위치는 확실하지 않다. 영어성경(ASV, RSV)은 70인역을 따라 지명으로 보고 있으나 또 다른 영어성경(KJV)은 '삼년 된 암소' 로 번역한다. 예레미야도 모압의 심판을 예언할 때 이 지역에 살던 사람들이 부르짖을 것을 예언했는데 이곳은 소알, 호로나임 부근에 있었으며 에글랏 셀라시야로 기록되었다(렘 48:34).

## 에브라임 수풀 Forest of Epharim (יַעַר אֶפְרַיִם 에브라임 수풀)

다윗의 군대가 반란을 일으킨 압살롬의 군대를 공격하고 압살롬을 살해한 곳이다(삼하 18:6-17). 요압은 압살롬의 머리가 상수리 나무에 걸려 있다는 보고를 받고 압살롬을 죽이지 말라는 다윗의 명령을 어겼다. 요압은 압살롬을 죽여 수풀 가운데 있는 큰 구멍에 던지고 큰 돌무더기를 쌓았다. 에브라임 수풀은 요단 강 서쪽에 위치하고 있었다. 이곳은 므낫세 지파의 영토 범위였다. 므낫세 지파의 영토 일부를 에브라임의 수풀이라고 부른 것에서 에브라임 지파의 영토가 요단 강 동쪽까지 포함된 적이 있었을 것이라고 추정할 수 있으나 확실하지 않다.

## 염곡 Valley of Salt (גֵּיא מֶלַח 소금 골짜기) /소금 골짜기

다윗이 아비새를 보내 에돔 사람 만 팔천 명을 죽여 명성을 얻게 된 전쟁터였다(삼하 8:13; 대상 18:12). 이곳은 다윗이 요압을 보내 에돔 사람 만 이천 명을 죽이고 승리한 곳이다(시 60편 표제어). 유다 왕 아마샤는 여호사밧 왕이 죽은 후에 독립한 에돔을 공격하여 이곳에서 에돔 사람 만 명을 죽이고 그 기세로 더 남쪽에 있는 셀라까지 정복하였다(왕하 14:7; 대하 25:11). 이곳은 개역한글판에서 염곡으로 번역됐으나 개역개정판에서 소금골짜기로 번역되었다. 염곡의 확실한 위치는 알 수 없으나 염해(사해) 남쪽에 있는 소금기가 있는 지역으로 보인다.

## 와헙 Waheb (וָהֵב)

출애굽하여 모압 지역으로 떠나던 이스라엘 백성들이 모압의 경계선인 아르논 골짜기에 이르렀을 때 여호와의 전쟁기에 기록된 지명으로 수바의 와헙이라고 불렸으며 성경에 한 번 기록되었다(민 21:14). 수바는 회오리 바람을 뜻하는 단어로 넓은 지역을 가리키고, 와헙은 어떤 성읍을 가리키는데 두 곳의 위치는 아르논 골짜기 부근이라는 것 외에는 알 수가 없다.

## 이임 [2] 요르단 Iim (עִיִּם 폐허)

오봇에서 떠난 이스라엘 백성들이 디본 갓에 가기 전에 머무른 곳으로 이예아바림과 같은 곳으로 추정된다(민 33:45). 이곳은 유다 지파의 이임1(유다)과는 동명이지이다.

## 헤레스 비탈 Ascent of Heres (מַעֲלֵה הֶחָרֶס 헤레스 비탈)

기드온이 미디안의 세바와 살문나를 사로잡고 되돌아 온 지점으로 성경에 한 번 기록된 지명으로 요단 강 동쪽에 있는 노바와 욕브하의 동쪽에 있었으나 정확한 위치는 확인되지 않았다(삿 8:13) 헤레스는 동명이지로 헤레스 비탈과 헤레스 산(삿 1:35)이 있다.

## 홀론 [2] 모압 Holon (חֹלוֹן 모래가 많은)

예레미야가 모압의 멸망을 예언할 때 메바앗과 야사와 함께 언급된 성읍으로 성경에 한 번 기록되었으며 그 위치는 정확히 알 수 없다(렘 48:21). 홀론은 동명이지로서 홀론1(유다)과 홀론2(모압)이 있다

# 3. 요르단의 성경지명 목록

답밧

# 4. 고고학 장소 목록

# 5. 참고 도서 목록

Aharoni, Y, The Land of the Bible, Philadelphia: The Westminster Press, 1919-1976.

AL-Eisawi, Dawun M.H, Wild Flowers of Jordan, Amman: Jordan Press Foundation' Al Rai' , 1998.

Andrews, Ian j, The Birds of the Hashemite Kingdom of Jordan, Dundee: Burns & Garris (Print), 1995.

Baly, Denis, The Geography of The Bible, New York: Harrer & Row, 1957.

Barnard, Roger and Tetley, Brian, Spectrum Guide to Jordan, Camerapix Publishers International, 1994.

Bell, Brian, Jordan, APA Publications, 1995

Bienkowski, Piotr, The Art of Jordan, Alan dutton publishing, 1996.

Bikai, Patricia Maynor and Dailey, Thomas A, Madaba Cultural Heritage, Amman: American Center of Oriental Research, 1996.

Borchi, Massimo and Veggi, Giulio, Art and Wonders Jordan, Geographc & co, 2000.

Casule, Francesca, Art and History of Jordan, Bonechi, 2004.

Cleave, Richard, The Holy Land Satellite Atlas Volume Ⅰ, Ⅱ, Rohr Productions, 1999.

Diamanti, Carla, Wadi Rum, Casa Editrice Perseus - Plurigraf, 2002.

Donnan, Graeme, The King' s Highway, Amman: Al Kutba, 1996.

Dorsey, David A, The Roads and Highways of Ancient Israel, Johns Hopkins, 1991.

Elitzur, Yoel, Ancient Place Names In The Holy Land, Jerusalem: Magnes Press, 2004.

Fiema, Z.T, The Petra Church, Amman: ACOR, 2001.

Franciscan Father, Guide to Jordan, Franciscan Printing Press, 1984.

Fredericq, D.Homes & Franken, H.J, Pottery and Potters, Attempto verlag Tubingen Gmbh, 1986.

Glueck, Nelson, Explorations in Eastern Palestine, Ⅳ, American Schools of Oriental Research, 1951.

Ham, Anthony and Greenway, Paul, Jordan, Lonely Planet, 2003.

Haviv, Itai, Trekking and Canyoning in the jordanian Dead Sea Rift, Desert Breeze Press, 2000.

Hoerth, Alfred J, Archaeology & The Old Testament, Baker Books, 1998.

Kallai, Zecharia, Biblical Historiography and Historical Geography, Peter Lang, 1998.

Kallai, Zecharia, Historical Geography of the Bible, Jerusalem: Magnes Press, 1986.

Kennedy, David and Bewly, Robert, Ancient Jordan from The Air, CBRL , 2004.

Keohane, Alan, Bedouin, Kyle Cathie Limited, 1994.

Khalifa, Salim, Space Atlas of Jordan, Royal Jordanian Geographic Center, 2000.

Koutsoukou, Anthi, The Great Temple of Amman The Excavations, Amman: ACOR, 1997.

London, Gloria A. and Clark Douglas R., Ancient Ammonites & Modern Arabs, Amman: ACOR, 1997.

Maqsood, Rosalyn with revisions by Jousiffe, Ann, Petra a Traveller' s Guide, Berkshire: Garnet, 2003

Mcdonald, Burton, East of the Jordan, Boston: The American Schools of Oriental Research, 2000

Mcray, John, Archaeology & the New Testament, Baker Book House Co., 2001

Mohammed, Ghazi Bin, The Holy Sites of Jordan, Turab, 1996

Mojeta, Angelo, Aqaba Underworld Paradise, Vercelli: Geographic & Co., 2000

Nabeel, Rawya, Annual of the Department of Antiquities of Jordan, Amman: Central Press, 2003

Northedge, Alastair, Studies on Roman and Islamic Amman vol.1, New York: Oxford University Press, 1992

Piccirillo, Michele, Mount Nebo, Amman: Jordanian Printing Press, 2004

Piccirillo, Michele, The Mosaics of Jordan, Amman: Jordan of National Press, 1997

Ramadan, Arslan, and Horani, Hala Khiyami, Birds of Jordan, Amman: 1992

Ramadan, Arslan, The Land of Jordan, Amman: Jordna by National Press, 1988

Robinson, Edward, Biblical Researches in Palestine Mount Sinai and Arabia Petraea 1,2,3, New York: Arno Press, 1977

Rollin, Sue and Streetly, Jane, Jordan, London: A & C Black, 1998

Salibi, Kamal, The Modern History of Jordan, Bridgend: I.B.Tauris, 1998

Schrag, Carl, Jordan, Amman: Jordan Book Centre & Book Wholesalers

Stern, Ephraim, The New Encyclopedia of Archaeological Excavations in the Holy Land 1,2,3,4, Jerusalem: Simon & Schuster, 1993

Talal, El Hassan Bin, Christianity in the Arab World, London: Arabesque, 1995

Tarrier, Dominique, Art and History Petra, Firenze: Casa Editrice Bonechi, 1989

Taylor, Di and Howard, Tony, Jordan, Cumbria: Ciceron Press, 1999

Taylor, Jane, Jordan Images from the air, Amman: Al-Uzza Books, 2005

Teller, Matthew, Jordan, Rough Guides, 2002

Ulama, Mohsen M., All Petra a Wonderland of the Past, Amman: Al-Ulama, 2000

JADIS=Jordan Antiquitis Database & Information System(edited by Gaetano Palumbo): The Department of Antiquities of Jordan and The American Center of Oriental Reserch Amman, Jordan, 1994 Megajordan

강석오, 성경의 풍토와 역사, 종로서적

권혁승, 성경지리, 서울신학대학출판부, 2001

김영진, 고대근동의 역사문헌, 서울: 한들출판사, 2005

노세영, 박종수, 고대근동의 역사와 종교, 서울: 대한기독교서회, 2000

이시호, 중근동 기독교 성지, 서울: 예영, 1997

한상인, 성경 역사와 지리, 서울: 서울말씀사, 2001

Aharoni, Yohanan, and Avi-Yonah, Michael 성경지도, 서울: 아가페, 1979

Blaiklock, E.M., 김규병, 신창하역, 역사로 본 성경지리, 서울: 보이스사, 1994

Vos, Howard F., 한정건, 신정일역, 성경지리개론, 서울: 기독교문서선교회, 1999

이희연, GIS지리정보학, 서울: 법문사, 2005

차특기, GPS측량일반, 서울: 성림출판사, 2004

홍순화, GPS 성경지명사전, 서울:한국성서지리연구원, 2012

# 한국성서지리연구원
## Institute Bible Geography in Korea : IBGK

한국성서지리연구원은 올바른 성서지리 교육, 올바른 성지순례 교육,
성지 고고학 발굴을 진행하고 있는 기관입니다.

원　　장 : 홍 순 화 목사 (서울장신대학교 성지연구원장)

기획실장 : 이 태 종 목사 (수지교회)

연구실장 : 최 현 준 교수 (대전신학대학교, 구약학)

학술실장 : 최 광 현 박사 (히브리대 고고학 박사)

발굴실장 : 강 후 구 교수 (서울장신대학교, 성서고고학)

사 무 실 : 서울특별시 강남구 일원본동 샘터마을상가 3층

전　　화 : 02-3411-0091

홈페이지 : www.ibgk.or.kr

# 요르단의 성지

1판 1쇄 펴낸날  2007년 10월 5일
2판 1쇄 펴낸날  2015년  8월 28일
3판 1쇄 펴낸날  2025년  2월 28일

지은이 홍순화
펴낸이 박종태

펴낸곳 비전북  |  등록 2011년 2월 22일(제 2022-000002호)
주소 경기도 파주시 월롱산로 64, 1층(야동동)
전화 031-907-3927  |  팩스 031-905-3927
이메일 visionbooks@hanmail.net
페이스북 @visionbooks  |  인스타그램 vision_books_

마케팅 강한덕 박상진 박다혜
관리 정광석 박현석 김신근 정영도 조용희 이용주
경영지원 김태영 최영주

공급처 ㈜비전북
T. 031-907-3927  |  F. 031-905-3927
제작처 성광인쇄

글·사진 ⓒ홍순화, 2007·2015·2025

ISBN 979-11-86387-63-4  (03230)